経営戦略

がわかる

セオリー&
フレームワーク

53

日沖 健

産業能率大学出版部

はじめに

経営戦略の理論と実践

　企業など組織の中長期的な方針や計画のことを経営戦略という。

　アメリカのGAFAM（Google、Amazon、Facebook、Apple、Microsoft）に代表されるように、優れた経営戦略によって短期間で飛躍的に発展する企業もあれば、伝統ある大企業でも不適切な経営戦略で破綻してしまうこともある。

　グローバル化・デジタル化・地球環境問題・新型コロナウイルスなど非連続な変化が次々と押し寄せる中、企業を持続的に発展させるには、適切な経営戦略を立案し、実行する必要がある。今、世界中の企業が優れた戦略を求めて知恵を絞っている。

　経営戦略には、複雑な企業行動の因果関係を説明するセオリー〈theory 理論〉や、よりよい分析を可能にするフレームワーク〈framework 枠組み〉がある。勘と経験ではなく、セオリーやフレームワークを活用することで、優れた経営戦略を立案・実行することができる。

　よく「理論と実践は別物」「横文字のフレームワークを覚えても役に立たない」と言われる。しかし、多くの成功企業を見ると、（言葉として使っているかどうかはともかく）理論・フレームワークに則って理にかなった戦略を立案・実行している。

▍セオリーとフレームワークを深く知り、活用する

　本書は、経営戦略の代表的な 53 のセオリーとフレームワークを解説する。

　対象読者には、経営戦略に興味・関心があるビジネスパーソンを想定している。

　経営者・事業部門長・経営企画担当者といった経営戦略を立案する立場の方はもちろん、広く事業部門・管理部門の担当者にもお読みいただきたい。現代企業は経営戦略を中心に動いており、それを知らずに業務に取り組むのと、知って取り組むのでは、大きな差が出てくる。

　すでに経営戦略のセオリーやフレームワークを集めて解説する類書がいくつか存在する。その多くは、「お客さんと商談していたら PEST という知らない用語が出てきたから、ちょっと調べてみよう」という辞書的な用途を想定している。コンパクトにまとめられており、必要最低限のことがわかるようになっている。

　それに対して本書は、辞書的な使い方だけでなく、セオリーやフレームワークを深く知ること、そして、実際に自社の事業・職場で活用することを想定している。知るだけでなく、「使ってナンボ」である。

　本書は 53 のセオリーとフレームワークを 2 〜 4 ページで記述している。各項目が読み切りで完結しているので、興味ある箇所をどこから読んでいただいても構わない。

　各項目は、「概要」「解説」「チェックポイント」という構成になっている。まず「概要」でセオリー・フレームワークの大まかな考え方を把握し、事例紹介を含む内容の「解説」で深く理解し、「チェックポイント」で自社でどう活用するのかを知っていただく。

　なお、本書は、『経営戦略のフレームワークがわかる』（産業能率大学出版部／ 2011 年）の後継書である。今回、その後の経営環境の変化や

セオリー・フレームワークの進化を踏まえて項目を入れ替え、解説を全面刷新しているが、一部、同書と重複する箇所があるので、お含み置きいただきたい。

　本書を読んだ読者の皆さんが、経営戦略を深く理解し、立案・実行できるようになることを期待したい。そして、読者の皆さんのビジネスライフが豊かなものになり、所属企業が発展するようなら幸いである。

　2021 年 1 月

日沖　健

目　次

第6章　分析のフレームワーク —————————— 161

第1章
経営戦略の全体像

まず経営戦略の全体像を紹介しよう。企業の中長期的な方針や計画のことを経営戦略という。経営戦略の様々な区分の中から、成長戦略と競争戦略、企業戦略と事業戦略など、代表的な考え方を紹介する。

戦略と組織

概要

　企業経営には、戦略と組織という２つの側面があり、経営を考える上で最も基本的なフレームワークである。

　歴史的には、まず20世紀初頭に近代的な組織管理が普及し、1960年代に戦略という考え方が生まれた。

　経営史家のA.チャンドラーは「組織は戦略に従う」とし、戦略によって組織が決まると主張した。逆に、経営戦略の父とされるI.アンゾフは「戦略は組織に従う」と主張している。

　戦略と組織は、どちらかが他方を主導するわけではなく、相互に作用し合う関係にある。

経営戦略が誕生した経緯

　経営戦略という考え方が誕生した経緯を確認しよう。「経営戦略」という用語が使われるようになったのは1960年頃のことである。

　アメリカ企業では19世紀まで、経営者や監督者の勘と経験に頼った経営、いわゆる**成り行き経営**をしていた。そのため、生産性は低く、しわ寄せが労働者に及び、組織的怠業（サボタージュ）が蔓延していた。

　20世紀初頭、この状況を劇的に改善したのがF・テーラーら工場技師である。テーラーらは、作業現場での労働者の動作・時間を分析し、標準に基づいて課業するという**科学的管理法**を考案した。鉄鋼・自動車など科学的管理法を取り入れたアメリカ企業が飛躍的に発展した。

　その後、科学的管理法は労働者を搾取するという批判が起こり、労働者の人間的側面を重視する人間関係論が流行した。このように、20世

紀前半の企業経営の中心的な課題は組織管理であった。３Ｃ（P.162 参照）でいうと Company（自社）に関心が集中した。

　ところが 1950 年代後半になると、企業を取り巻く外部環境が大きく変化した。３Ｃのうち Customer（市場）では、アメリカ国内市場が世界に先駆けて成熟化した。Competitor（競合）では戦後復興した日本・ドイツの企業がアメリカに輸出するようになり、競争が激化した。

　アメリカ企業は、国内市場の成熟化に対応して新規事業の開発や海外進出を進めた。また、日本企業の低価格・ドイツ企業の高品質に対抗するためにコスト・品質の競争力強化に努めた。1960 年代初め、アンゾフらはアメリカ企業の新しい行動を経営戦略と呼んだ。

　このように歴史的には、まず組織の研究が発達し、その後、戦略という考え方が生まれた。

戦略が先か、組織が先か

　戦略と組織の関係について、まったく異なる２つの考え方がある。

　チャンドラーは、アメリカの大企業の発展の研究から、「組織は戦略に従う」という命題を示した。チャンドラーによると、デュポン社など多くの大企業が、多角化戦略を機能させるために事業部制組織を採用していることから、経営戦略に適合するように組織が組み立てられたという。

　これに対してアンゾフは、チャンドラーとは真逆の「戦略は組織に従う」という命題を提唱した。アンゾフも企業の多角化を研究し、新しい戦略が策定されても組織の抵抗によってほとんど実を結んでいないという実態を知った。アンゾフによると、組織には自己防衛本能や独自の組織文化があるので、新しい戦略が組織の変革を求めてもなかなか変化せず、戦略がきちんと遂行されない。

　戦略が先か、組織が先か。まず「組織は戦略に従う」ことを基本に考え、

推進する上では「戦略は組織に従う」ことに細心の注意を払うというロジックである。

　日本の工作機械メーカーは国内市場が成熟化し、グローバル化に迫られている。たとえばDMG森精機は、「グローバルワン」という目標を掲げてグローバル戦略を策定し、M&Aを進めた。ドイツのギルデマイスター社との資本提携など、M&Aではお互いの組織文化に配慮しながら統合効果の実現を目指している。

▍優良企業の「原因」

　収益性・成長性・安定性などの経営指標が良好で、顧客・社会から支持され、発展している企業を優良企業と呼ぶ。ただ、良好な経営指標や顧客・社会の支持は「結果」であって、我々はその「原因」を知りたいところだ。

　1980年代以降、T.ピーターズ『エクセレント・カンパニー』（英治出版）やJ.コリンズ『ビジョナリーカンパニー』（日経BP社）など、優良企業論が盛んになった。こうした研究では、戦略よりも組織、とくに組織文化に優良企業の原因を求める主張が多い。

　たしかに、トヨタが日本を代表する優良企業となったのは、歴代経営者が打ち出した戦略がよかったというより、現場の自発的な「カイゼン」など組織が優れていたと見るべきだろう。トヨタの「モノづくりはヒトづくり」という言葉に集約されるように、日本では「まず良い組織、良い人材を作ろう」という考え方が優勢だ。

　しかし、今世界のIT業界を支配するGAFAMがここまで成功したのは、組織が良かったからというより、ビル・ゲイツ（Microsoft）、マーク・ザッカーバーグ（Facebook）といった傑出した経営者の戦略的意思決定によるものだろう。全般にアメリカ企業は、IT系だけでなく、「まず良い戦略を作ろう。そして戦略に合致した組織を作ろう」と考える。

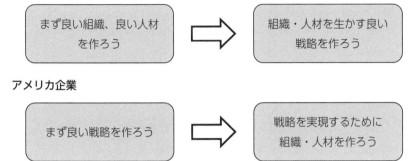

日本企業

まず良い組織、良い人材を作ろう ⇒ 組織・人材を生かす良い戦略を作ろう

アメリカ企業

まず良い戦略を作ろう ⇒ 戦略を実現するために組織・人材を作ろう

　もちろん理想は、戦略にも組織にも優れた企業なのだが、自社の業種・経営環境・経営者の能力・従業員の質などを勘案し、どちらに注力するべきか考えるとよいだろう。

チェックポイント

- 自社の経営は、組織優先か、戦略優先か。同業の成功企業と比較し検討してみよう。
- 今後、優良企業に発展するためには、組織と戦略のどちらを優先するべきだろうか。

成長戦略と競争戦略

概要

　企業など組織の中長期的な方針や計画のことを経営戦略という。経営戦略は様々な分類をすることができるが、成長戦略と競争戦略というのが最も代表的な分類である。

　成長戦略は事業領域（ドメイン）を決めて、それを拡張していく戦略である。一方、**競争戦略**は事業の競争優位を構築・維持する戦略である。

成長戦略と競争戦略の主なテーマ

　P.10 で紹介した経営戦略の誕生の経緯からわかるように、経営戦略には大きく 2 つの領域がある。

　ひとつは、事業領域（ドメイン）を拡張し、成長性を維持・向上させる成長戦略。もうひとつは、事業領域の中にいる競合に対して競争優位、収益性を高める競争戦略である。戦うべき土俵を決めるのが成長戦略、土俵の中にいる敵とどう戦うかが競争戦略である。

　成長戦略には以下のような課題がある。
- 事業領域（ドメイン）の定義
- 事業の組み合わせ
- 成長分野への進出、新規事業の創造
- グローバル化
- M&A など成長手段

　競争戦略には以下のような課題がある。
- 業界の構造などの把握
- 競争優位の確立

・業界の地位に応じた戦略対応
・ビジネスモデルの構築

▌バランスよく成長戦略と競争戦略を展開する

　大まかにいうと、成長戦略は長期的な成長性と関係し、競争戦略は短期的な収益性に関係する。そして企業は、成長戦略と競争戦略の両方を展開する。

　トヨタは、1950年代の経営危機の過程で無駄な在庫や人を持たないトヨタ生産方式を確立した。このトヨタ生産方式による高品質・低コストを武器に、カローラなど大衆車で世界的な自動車メーカーに成長した。

　1980年代以降、貿易摩擦や円高に対応して海外生産を拡充した。1990年代以降は、エコカーシフトに対応して、ハイブリッド車、電気自動車の開発を進めた。また、金融・住宅など関連分野に事業を多角化している。

　このようにトヨタは、高品質・低コストという競争戦略とエコカーなど成長戦略をバランスよく展開してきた。

　成長戦略だけを重視すると、売上高は増え、組織規模は拡大するが、コストや品質で勝る他社との競争に敗れて、行き詰まってしまう。逆に競争戦略だけを重視すると、利益率は高まるが、市場の変化に対応できず、やはりじり貧になってしまう。

　長期にわたって成長性と収益性が高い、いわゆる優良企業は、成長戦略と競争戦略の両方をバランスよく策定し、実行している。

――――――――――――< **チェックポイント** >――――――――――――

・　自社の経営戦略の、成長戦略と競争戦略のバランスはどうなっているか。どちらかに極端に偏っていることはないか。
・　成長戦略・競争戦略でそれぞれ何が課題になっているか、確認してみよう。

企業戦略と事業戦略

概要

経営戦略を企業の組織階層別に分類することがある。

企業全体の企業戦略、企業の中にある各事業の事業戦略、事業の中にある経営機能別の機能別戦略という3階層がある。

戦略の階層別分類

戦略には誰が戦略を策定するのか、という組織階層による区分がある。

経営トップが経営企画部門などのサポートを得て策定する、全社的な戦略のことを**企業戦略**(あるいは全社戦略)という。

ただ、戦略を作るのは経営トップだけではない。たとえば、三菱重工業のような大企業だと、造船・原動機・航空機・工作機械など複数の事業部門を展開しており、各事業の部門長も事業の戦略を考えているはずだ。各事業部門長が考える戦略のことを**事業戦略**という。

それぞれの事業部門の中には、事業を運営するための研究開発・調達・製造・販売・財務・人事といった経営機能がある。こうした機能を担う部長が策定する戦略を**機能別戦略**という。

このように経営戦略は、組織の階層別では、企業戦略・事業戦略・機能別戦略という3つの階層がある。そして、3つがバラバラではなく、首尾一貫している必要がある。

三菱重工業は、「脱炭素・電化・知能化による未来志向のソリューションにより、環境負荷を軽減させながら世界が前に進み続けることに貢献する」というビジョンに基づき、一貫した戦略を展開している。

・企業戦略：環境分野でのエンジニアリング事業を育成

- 事業戦略：造船事業では、環境負荷の低い高効率船を開発
- 機能別戦略：調達部門では、環境負荷の小さい部品の調達（グリーン調達）を推進

企業戦略・事業戦略と成長戦略・競争戦略の関係

前節（02）で紹介した成長戦略と競争戦略という区分と、企業戦略・事業戦略という区分はどう関係するのだろうか。

経営トップは様々なことを考えているが、最大の関心事は、どのような事業を展開して成長・発展するか、という事業の取捨選択、重点領域の決定であろう。これは内容的には成長戦略である。

一方、事業部門長はどんなに見通しが暗い事業を任されたとしても、力を尽くして競合に立ち向かい、競争優位性を構築し、利益を上げるしかない。これは内容的には競争戦略である。

つまり、企業戦略と成長戦略は密接に関係し、事業戦略と競争戦略はほぼ同義であると言える。

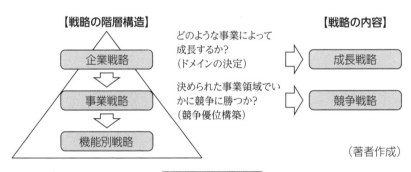

（著者作成）

━━━━━━ チェックポイント ━━━━━━

- 自社の企業戦略・事業戦略・機能別戦略は上下一貫しているだろうか。
- 企業戦略・事業戦略・機能別戦略のバランスはどうなっているか。どれかに極端に偏っていることはないか。

ポジショニングビューとリソースベーストビュー

概要

経営戦略の様々な学派の中で、最も代表的なのはポジショニングビュー（positinoning view）とリソースベーストビュー（resource-based view）である。

ポジショニングビューは、業界分析を通して自社が魅力的な業界の中で有利な位置取り（positioning）をすることが競争優位を決定するという考え方である。機会を捉える戦略である。

リソースベーストビューは、企業の競争優位は保有する経営資源や組織能力によって決まってくるという考え方である。強み（Strength）を生かす戦略である。

機会を捉えるか、強みを生かすか

1960年頃に経営戦略という考え方が登場し、60年以上が経つ（P.10参照）。その間、環境変化に対応して経営戦略も進化し、様々な学説が生まれた。中でも、1980年代から今日に至るまで、学界だけでなく実務の世界でも論議になっているのが、ポジショニングビューとリソースベーストビューの対立である。

M.ポーターらの唱えるポジショニングビューは、外部環境の機会（Opportunity）を捉える戦略である。魅力的な事業機会を見つけ出し、他社に先駆けてポジショニング（位置取り）することで、競争優位性を獲得できると考える。アメリカでは伝統的にこのアプローチを取る企業が多く、マイクロソフトやアップルといったIT企業もこのアプローチである。

　一方、Ｊ.バーニーらの唱えるリソースベーストビューは、内部の組織能力、強みを生かす戦略である。まず、企業は他社に負けない技術力・販売力など組織の能力を形成し、それを中心に事業展開する。トヨタ生産方式による高品質・低コストを武器に世界一になったトヨタのように、日本企業はこのアプローチを取る企業が多い（日本企業を研究する過程から1980年代にこの学派が誕生した）。

▌理想に至る2つの道筋

　企業が最終的に到達する理想は、魅力的な外部環境の中で自社の組織的な競争力を生かせる事業を展開している状態である。つまり、図のように縦軸に外部環境の魅力度合い（Opportunity と Threat の程度）、横軸に自社内部の競争力（Strength と Weakness の程度）を取ると、右上が理想の位置である。

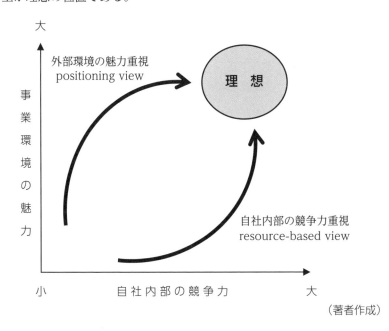

（著者作成）

19

ポジショニングビューは、まず魅力的な機会に参入し、そこで事業経験を積むことで組織能力が徐々に高まり、最終的に理想に至ると考える。マイクロソフトが 1980 年にシアトルコンピュータプロダクツ社から OS を買い取って OS 供給を開始し、やがて技術力を上げて世界一の IT 企業になったのは、典型的・象徴的な例である。

　一方、リソースベーストビューは、まず組織として絶対的な強みを作り、それを使って機会に参入する。ホンダが車作りを通してデザイン力を磨き、それを生かして小型ジェット機やロボットといった成長市場に参入したのは、このアプローチの好例である。

▎それぞれのアプローチで勝つためには

　学問の世界では、1980 年代から今日まで、どちらのアプローチが有効なのか議論が続いている。しかし、マイクロソフトもトヨタも大きな利益を上げている通り、どちらのアプローチでもうまくいく企業もいかない企業もある。それぞれのアプローチで勝つための注意点を考えるべきだろう。

　もちろん理想は、「機会を捉える」と「強みを生かす」を同時に実践することである（P.168 のクロス SWOT の「Ｓ×Ｏ」）。しかし、現実には明確にどちらかを優先することが多い。

　これは、ポジショニングビューとリソースベーストビューでは、戦略の時間軸が異なるからだ。ポジショニングビューは簡単に言うと「椅子取りゲーム」なので、成否が即座にはっきりする。それに対してリソースベーストビューは、組織の能力を構築するには時間がかかるので、成否が判明するのに時間がかかる。

　経営環境の安定性、事業特性、経営者の志向（短期志向か長期志向か）などによって、どちらのアプローチにするか決まってくる。

　ポジショニングビューで勝つには、事業のスピードが大切だ。多くの

産業では、先行優位性（P.72 参照）が働くからだ。

　ただし、魅力的な事業機会には他社も殺到するので、一番乗りをする
だけで成功が保証されるわけではない。マイクロソフトが買い取った
OS をライセンス方式で IBM に供給したように、しっかりした儲ける
仕組み＝ビジネスモデル（P.90 参照）を作ることが大切だ。

　また、特許の取得や**デファクトスタンダード**（de facto standard、
事実上の標準）の構築など、後続の参入者に対し参入障壁を構築するこ
とも考えたい。

　一方、リソースベーストビューでは、強みを作るだけでなく、機会を
捉える動きも必要になる。日本企業は、長期的に組織能力を磨くことに
は長けているが、機会を捉える機動的な動きが足りず、グルーバル市場
でビジネスチャンスを逃している。

　また、日本企業・日本人はまじめなので、いったん目標が定まると、
顧客の要望を忘れてひたすら能力開発に励む。その結果、薄型テレビの
薄さ競争に見るように、顧客が望まない過剰品質になり、高コスト体質
になってしまう。結果として近年、品質はそこそこでも圧倒的に低コス
トの新興国企業に、ローエンド市場を奪われている。

　こうした問題を克服し、優れた組織能力をいかに収益に結びつけるか
が、リソースベーストビューで成功するカギになる。

───────────── **チェックポイント** ─────────────

- 自社の経営戦略は、ポジショニングビューとリソースベーストビュー
  のどちらか。
- それぞれのアプローチで勝つための注意点を実践できているか。
- 組織・人材は、それぞれのアプローチを遂行するのに適切な状態にな
  っているか。

第2章
成長戦略

企業が事業領域(ドメイン)を定めて、それを拡張する戦略のことを成長戦略という。的確な成長戦略を策定・実行することで、企業は長期的な成長性を高めることができる。この章では、ドメイン、製品・市場マトリクス、PPM といった、成長戦略のセオリーを検討する。

概要

　企業が事業を展開する固有の生存領域を**ドメイン**（domain）という。T. レビットによると、ドメインの定義には提供する物理的製品に基づく物理的定義と提供する機能特性に基づく機能的定義がある。

ドメインの役割

　ドメインとは、企業が事業を営む上での固有の生存領域のことである。企業は、企業理念やビジョンで企業の目指す姿・ありたい姿を持っており、それを実現するためにドメインを定義する。

　セコムは 1962 年に創業した当初は「日本警備保障」という社名で、警備員を派遣・常駐させる人的警備のビジネスだった。しかし、ホームセキュリティに事業の軸足を移し、1973 年に安全・安心（Security）を通信技術（Communication）を使って提供するということでドメインを定義し、セコムというブランドを導入した。1989 年からは「社会システム産業」として安全・安心を軸に多角的に事業を展開している。

　ドメインを定義することのメリットは、以下の通りである。

- 組織の構成員が力を入れる方向性を合わせやすくなり、事業活動が分散したり、過度に集中したりすることを回避できる。
- 事業を営む上で必要な経営資源(ヒト・モノ・カネ・技術など)について、組織内で共通の理解を得ることができる。
- 組織としてのアイデンティティが確立され、組織内外の利害関係者の協力を得ることができる。企業と利害関係者のドメインに関する共通認識を**ドメイン・コンセンサス**（domain consensus）という。

物理的定義から機能的定義へ

ドメインという概念の重要性を最初に指摘したレビットによると、ドメインの定義には、物理的定義と機能的定義という2種類があるという。レビットは、アメリカの鉄道会社の例を挙げてこれを説明している。

今日、アメリカの鉄道は、飛行機や自動車といった代替輸送手段に需要を奪われている。1830年代にいち早く普及した鉄道がその後に出現した飛行機や自動車に主役の座を奪われたのは、鉄道会社が鉄道という物理的製品に縛られていたためだとする。この「鉄道事業」のように、提供する物理的製品でドメインを定義することを**物理的定義**という。

企業が物理的定義によって事業領域を狭く見てしまうことを、レビットは**マーケティング近視眼**（marketing myopia）と呼んで批判した。これに対し、製品の機能特性に従ってドメインを定義することを**機能的定義**という。鉄道会社は、自らのドメインを「輸送サービス」と機能的定義で定義していれば、代替輸送手段に対抗する輸送手段を自ら取り入れるといった別の戦略が見えたはずだという。

たいていの事業は、「青果店」「古書店」といった物理的定義によって始まる。しかし、事業が発展したら、物理的定義では窮屈になってくる。事業が成長するためには、機能的定義で拡張性のあるドメインを定義する必要がある。

───────────────── **チェックポイント** ─────────────────

- 自社は、企業理念・ビジョンに基づいて事業ドメインを定義し、主要な利害関係者と共有できているだろうか。
- 自社の主要な事業を物理的定義と機能的定義で定義せよ。どちらの考え方で事業を展開しているだろうか。

3次元事業定義モデル

概要

　D. エーベルは、次の3つの要素で事業ドメインを定義することを提唱した。
①どのような顧客ニーズ（または顧客機能、What）を、
②どのような顧客層（Who）に対して、
③どのような技術（または代替技術、How）を用いて提供するか。
　3つの要素に一体感と拡張性があるのが、よいドメインである。

事業を構成する3つの要素

　事業が成長・発展するためには、明確に事業ドメインを定義し、やることとやらないことを明確にする必要がある。

　まず、事業が存続・成長するのは、顧客・社会に対して何らかの価値、顧客機能を提供しているからである。企業は、事業が提供する価値を明確にしなければばらない（What）。

　ただし、価値ある製品なら誰でも喜んで受け容れてくれるわけではない。次に、自社の価値を強く支持してくれるベスト顧客層を見つけ出さねばならない（Who）。

　さらに、この顧客機能と顧客層の組み合わせができたら、それを実現するために合理的かつ競争力のある代替技術を中心に事業を設計・運営する必要がある（How）。

一体感と拡張性

　表は、辻調理師専門学校を頂点とする従来型の調理師学校とABC

クッキングスタジオを比較している。

	従来型の調理師学校	ABC クッキングスタジオ
顧客機能 （What）	・高度な調理スキルの習得 ・資格 ・飲食業界での人脈形成	・食事を作る楽しみ ・友人作り ・輝く私を見てほしい
顧客層 （Who）	・料理人志望者	・若い主婦 ・OL・学生
代替技術 （How）	・スキルの高い講師 ・カリキュラム	・通いやすい立地 ・明るく楽しい講師 ・ガラス張りの店舗

（著者作成）

　まず、3つの要素がバラバラでは、顧客に価値を提供することはできない。従来型の調理師学校も ABC も、エーベルの3要素には一体感がある。

　しかし、従来型の調理師学校と ABC では、成長性に大きな違いがある。この違いは、事業の拡張性である。従来型の調理師学校は、特殊な顧客層の特殊なニーズに展開が難しい技術でサービスを提供しているので、事業を拡張する余地が乏しい。これに対し、ABC の3要素にはそれぞれ拡張性があるので、多店舗化して事業を拡張することができる。

　つまり、3つの要素の一体感と拡張性が両立しているのが、よいドメインということになる。従来型の調理師学校は特定の顧客層には高い価値を提供できるが、事業の発展性は乏しい。それに対して ABC は、一体感も拡張性もあるので、事業を発展させることができる。

チェックポイント

- 自社の事業を What・Who・How の3次元で定義してみよう。自社のドメインは、3つの要素に一体感があり、拡張性があるか。
- 事業ドメインを過去と比較したり、同業他社と比較することで、今後の発展の方向性について検討しよう。

製品・市場マトリクス

概要

製品・市場マトリクス（成長ベクトル）は、企業の発展を製品と市場
という2つの軸で整理したものである。

企業の成長戦略は、以下の4つに整理できる。

市場浸透：既存の市場に既存の製品を展開

製品開発：既存の市場に新しい製品を展開

市場開拓：新しい市場に既存の製品を展開

多角化：新しい市場に新しい製品を展開

企業発展の4段階

企業はどういう段階を踏んで成長・発展するのだろうか。

この疑問に答えるため、チャンドラーは、アメリカの大企業の19世
紀後半から20世紀前半にかけての発展を研究した。その結果、企業は
創業した後、量的拡大、水平拡大、垂直拡大、多角化という4段階を経
て発展することが明らかになった。

①**量的拡大**：事業を確立し、販売量を増やし、損益分岐点を超えるよう
　に努める。

②**水平拡大**：生産・販売拠点を拡充し、地域的に事業を拡大する。

③**垂直拡大**：小売業ならメーカーに進出（後進統合）、メーカーなら卸・
　小売に進出（前進統合）することで、事業の拡大を図る。

④**多角化**：既存事業と異なる事業領域に進出する。

製品・市場マトリクス

　一方、アンゾフは、こうした企業の発展を市場・製品という軸で整理
した。これを製品・市場マトリクス（アンゾフの成長ベクトル）という。

　企業の成長戦略には以下の 4 つがある。例は、ホンダの 1990 年代以
降の事業展開である。

製　品　軸			
		既　　存	新　　規
市場軸	既存	**市場浸透** 日米欧中など主要市場でのガソリン車シェアアップ	**製品開発** EV・FCV などエコカーの開発
	新規	**市場開拓** アフリカなど未開拓市場でのガソリン車拡販	**多角化** ロボット、小型ジェット

（著者作成）

　製品・市場にはライフサイクルがあるので、市場浸透だけではやがて
成長が鈍化してしまう。企業が長期的に成長・発展するためには、製品
開発、市場開拓、多角化も着実に進める必要がある。

多角化のタイミング

　ここで難しいのが、製品開発、市場開拓、多角化に取り組むタイミン
グ、とくに多角化をいつ始めるかだ。

　チャンドラーによると、新規事業で多角化に乗り出すのは企業が発展
する最終段階である。また、製品・市場マトリクスでいうと、市場浸透
を最初にやり、多角化を最後に着手する。なお、製品開発と市場開拓の
どちらを優先するかは、経営状態、事業特性、経営者の志向などによっ

てケースバイケースである。

　したがって、標準的には図のように、市場浸透→製品開発→市場開拓
→多角化、という「Ｚ型」か、市場浸透→市場開拓→製品開発→多角化、
という「Ｎ型」で成長戦略を展開する。

Ｎ型

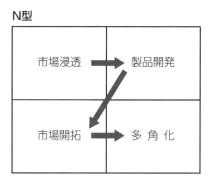

Ｚ型

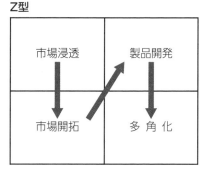

（著者作成）

　多角化に最後に取り組むのは、新規事業にはリスクが大きいからであ
る。ここでいうリスクとは、収益の変動性を意味する。新規事業によっ
て大きな収益を上げる可能性もあるが、うまくいかない可能性もある。
人にはリスクを回避しようとする傾向があるので、まずリスクが小さい
市場浸透を優先し、開拓の余地がなくなったら最終的に新規事業に取り
組む。

　ただ、このやり方だと新規事業で多角化に取り組むのはかなり遅くな
る。多くの事業では先行優位性（P.72参照）が働くので、遅れて参入し
てもなかなか勝てない。つまり、リスクは小さいが、多角化には成功し
ないということになってしまう。

旭化成の多角化

　一方、多角化に成功している企業は、Ｚ型やＮ型ではなく、早い段階

から多角化に取り組んでいる。日本におけるその代表例が、旭化成である。

旭化成は化学・繊維を中心に発展してきたが、1970 年代に日本経済の成熟化に対応して、多角化を推進した。中でも住宅事業である旭化成ホームズは売上高 7000 億円（2020 年 3 月期）と、グループの中核事業に発展している。

旭化成が住宅事業に進出したのは 1972 年。当時、日本の住宅産業は、第二次ベビーブームで質の良いマイホームを求める国民の需要が増えていた。しかし、品質のバラツキが大きい、設計や施工が非効率、販売価格が不透明といった問題を抱え、国民の期待に十分に応えていない状況だった。旭化成の宮崎輝社長（当時）は、合理的なビジネスで参入すればチャンスがあると考えた。

旭化成は住宅に関するノウハウがなかった。そこで、ドイツのヘーベル社と提携して素材技術を取り入れ、「ヘーベルハウス」として都市型住宅として事業展開した。

旭化成のように多角化に成功している企業は、4 つに明確な順序を付けるのではなく、4 つを同時に展開している。

チェックポイント

- 自社はこれまで市場浸透・製品開発・市場開拓・多角化のどれに重点を置いて取り組んできたか。その成果はどうだったか。
- 自社が新規事業で多角化に取り組んだタイミングを確認してみよう。市場浸透・製品開発・市場開拓・多角化に明確な順序を付けていたか、4 つを同時に展開していたか。

シナジー

概要

　企業が複数の事業を展開することで、それぞれ単独で運営したときよりも大きな効果が得られることを**シナジー** (synergy 相乗効果) という。

　I. アンゾフによると、シナジーには次の４つがある。

①**販売シナジー**：共通の流通チャネル、販売管理、ブランドなどによって販売面で生まれる効果

②**生産シナジー**：設備・人員の効率的な活用、大量仕入れによる仕入れコスト低下など、生産面で生まれる効果

③**投資シナジー**：共通の材料・部品の使用による在庫投資の節約、生産設備の共用による追加投資の回避など、投資の節約が可能になることの効果

④**管理シナジー**：経営者・管理者の過去の経験を活用することで生まれる効果

　これらに加えて、調達シナジーや、人材シナジー、情報システム投資のシナジーなどを指摘する場合がある。

　逆に、２つの事業が資源を奪い合ったり、お互いの優位性を打ち消したりすることを負のシナジー（ネガティブ・シナジー）と呼ぶ。

シナジーの期待効果

　企業は、ある事業を単独で展開する場合もあれば、複数の事業と組み合わせて展開する場合もある。前者に比べて後者の方が効果があったら、「シナジーがある（効いている）」という。ここでいう効果とは、主に以下の２つである。

①**投資・操業費の削減**：製造・販売・管理などに必要な投資や操業費（コスト）を抑制でき、ROI（Return On Investment 投資利益率）が高まる。

【2事業を別の企業が展開】
・ 事業A：投資200、売上高120、操業費100
・ 事業B：投資200、売上高120、操業費100

A・Bともに、ROI＝$\dfrac{売上高120－操業費100}{投資200}$＝10%

【2事業を同一企業が展開】
・ 投資と操業費を各1割共有
　　　　　投資が40、操業費が20抑制される

A・Bの合計は、ROI＝$\dfrac{売上高240－操業費180}{投資360}$＝16.7%

---

②**リスク低下**：キャッシュフローが安定する

　たとえば外食大手のコロワイドは、居酒屋を中心に各種レストラン・カラオケ店などを運営している。単独で事業展開している店舗と比べてコロワイドは、仕入れの共同化、セントラルキッチンによる調理作業の集中化、全社的なキャンペーンなどで、投資やコストを低下させている。

　また、狂牛病で焼肉店の売上高が減ったり、円安で輸入食材をたくさん使う店舗の採算が悪化しても、他の業態の店舗でカバーすることができる。色々なタイプの店舗を展開することで、会社全体のリスクを低下させることができる。

　このように、シナジーのある事業を展開し、投資・コストとリスクを低下させるのが、多角化の大きな動機である。

ダイナミック・シナジー

　アンゾフらが示したシナジーは、コストやリスクを軽減させることを目的にした静態的なものであった。それに対し伊丹敬之は、ある戦略を遂行することで生み出される資産を将来の別の戦略で使うという**ダイナミック・シナジー**を提示した。シナジーを動態的に捉えることが企業の成長の源泉になるという。

　ダイナミック・シナジーによる事業展開を志向している最近の代表例が、インターネット広告のサイバーエージェントである。

　サイバーエージェントは、新型コロナウイルスを受けて従業員の感染対策や業績悪化への対応を進める一方、2020年4月中旬以降、新規事業を推進する新会社 MG-DX、OEN を設立した。

　MG-DX は、ドラッグストアのデジタルトランスフォーメーション（DX）を支援をする。コロナの感染拡大で医療機関への負荷が増している状況から、厚生労働省はオンラインによる診療や服薬指導を前倒しで解禁した。ドラッグストアの DX 対応やオンライン服薬指導の体制作りが急務になっており、MG-DX はサイバーエージェントの DX ノウハウを活用してこうしたニーズに対応していく。

　OEN は、コンサートなどリアルイベントの中止で打撃を受けているエンターテインメント産業向けに、デジタルシフトやオンラインでの収益化をサポートする。サイバーエージェントには、オンラインで映像コンテンツを提供する Abema TV がある。また傘下のプロレス団体・DDT プロレスリングは同じく傘下の DDT UNIVERSE を通してコンテンツを配信してきた。OEN は、こうした動画配信やマネタイズの技術・ノウハウをエンターテインメント産業でも展開する。

　いずれも、サイバーエージェントがインターネット広告事業などで培ったノウハウを活用し、シナジー効果を見込める事業である。

シナジーの注意点

シナジーを検討する上でいくつか注意点がある。

第1に、シナジーは、不採算事業からの撤退を躊躇する言い訳に使われることが多い。不採算で、明らかに撤退すべき事業でも、「たしかにこの事業は不採算だが、他事業とのシナジーを考えると、撤退は得策ではない」という言い方がよく使われる。実際にシナジーがあるのか、冷静に、できれば定量的に評価する必要がある。

第2に、シナジーは、何もしなくても自動的に実現するわけではない。近年の大型合併ではシナジー効果が強調されるが、シナジー実現には部門間の調整が必要であったり、投資が必要だったりということが多い。みずほグループ誕生時のシステムトラブルに象徴されるように、統合によるシナジー実現のために多大な投資負担が発生し、なおかつうまくいかず大混乱に陥るというケースが珍しくない。

第3に、シナジーを重視すると、自社内部に目を向けるクセがついて、顧客や競合の存在を忘れがちになる。せっかくの経営資源を他事業でも有効活用しようという「もったいない」の精神はわかるが、顧客から見れば、購入先が複数の事業を展開しているかどうかは意味がない。シナジーばかりに目がいき、顧客を見なくなるのはいけない。

なお、M&Aでは、よく、シナジーを理由にM&Aに踏み切るが、逆にM&Aで企業価値を低下させてしまうケースが続出しているように、ネガティブ・シナジーになることも珍しくない（P.51参照）。

――――――――――**チェックポイント**――――――――――

- 自社の事業間には、どのようなシナジーがあるか。
- 単なる経営資源の節約ではなく、シナジーを発展させてダイナミックな事業展開ができているか。

製品ライフサイクル

製品ライフサイクル（Product Life Cycle PLC）は、製品が人のライフサイクルと同じように、導入期・成長期・成熟期・衰退期という変遷をたどるという経験則である。

縦軸に年度売上高および利益、横軸に期間を取ると、成熟期（飽和期）を頂点とする放物線を描く。

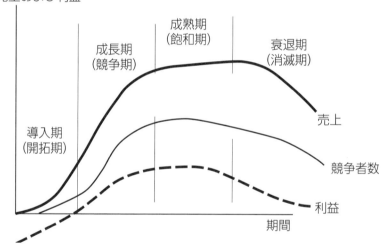

（井原久光『ケースで学ぶマーケティング』／ミネルヴァ書房）

各段階で市場規模や競合数が変わってくるので、企業は、段階に応じた戦略を取る必要がある。

また、製品には寿命があるので、1つの製品だけでなく複数の製品を展開する重層的ライフサイクルを作り出す。

導入期（開拓期）

　新しい製品が市場に導入され、企業が市場開拓を行う段階。市場開拓が進まず、導入期の段階で消滅する製品も多い。

　成長期に移行するにはキャズム（溝 P.130 参照）があり、いかに製品を市場に浸透させ、パイを広げるかが課題である。

　導入期は競合が少ないこと、多くの製品では先行優位性（P.72 参照）が働くことから、早く商品の認知度を上げることが有効である。

成長期（競争期）

　製品の存在・効用が広く市場で認知され、需要が拡大する段階。製品が改良されて、機能が向上する。一方、市場参入者の増加による競争激化、希少性の低下などによって販売価格は低下する。価格低下によって、市場拡大に弾みが付く。

　拡大し、競争が激化する市場において、いかにシェアを最大化するかが課題になる。

　機能向上やプロモーションとともに、後続の参入者に対抗するために製品の改善やラインナップの追加を行う。

成熟期（飽和期）

　市場規模は最大化するが、製品への需要が飽和し、成長が止まる段階。競合企業がさらに増え、価格競争が激しくなる。

　競争が激化するので、他社と差別化してシェアを維持し、利益を最大化することが課題になる。

　市場・顧客や製品の見直し、販売促進活動の強化などが必要になる。

衰退期（消滅期）

　代替品の登場やその製品の陳腐化などによって、需要が縮小する段階。最終的には市場が消滅する。

　縮小する市場の中で支出を削減して、収益性を維持するとともに「収穫」を意識する。

　製品改良などによる延命策の他に、合理化やコスト削減による利益確保が重要である。また、市場が完全に消滅する前に撤退することも考慮する。

重層的ライフサイクル

　ライフサイクルの各段階で適時・適切な対応を取ることは大切だ。ただ、製品・事業には寿命があるので、１つの製品に頼り切ってはいけない。新製品・新規事業の育成には長期間かかることから、成熟期・衰退期になって慌てて次の製品・事業を育成するのではなく、常に一歩先を読んで新製品・新規事業の創造を進める必要がある。

　たとえばHOYAは、1941年に光学ガラスのメーカーとして創業し、1960年代には眼鏡レンズなどビジョンケア事業に着手した。さらに1970年代にサブストレートなどのデジタル関連素材、1980年代には眼内レンズなど、医療分野にも事業領域を広げている。

　このように、複数の製品のライフサイクル曲線が重なり合っている状態を**重層的ライフサイクル**という。既存製品・事業が成熟化する前に新製品・新規事業の開発に着手することを繰り返し、複数の製品・事業で発展していくことを目指す。

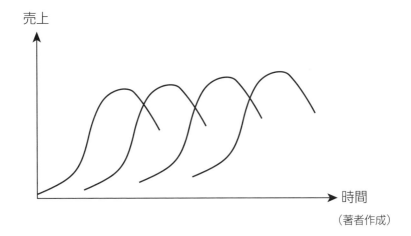

（著者作成）

─────────────■ チェックポイント ■─────────────

- 自社の主要製品は製品ライフサイクルのどの段階にあるか。ライフサイクルに応じた適切な戦略的対応が行われているか。
- 自社では、長期的視点に立って重層的ライフサイクルを作り出す取り組みが行われているか。

セオリー
&
フレームワーク
10

PPM

PPM（Product Portfolio Management）とは、ボストンコンサルティンググループ（BCG）が考案した、複数の事業を展開する企業の経営資源の配分を考えるための技法である。事業を市場成長率と市場シェアの高低で「花形」「問題児」「金のなる木」「負け犬」の４つに分類する。

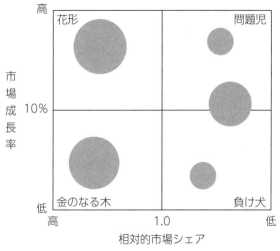

（BCGのアイデアをもとに著者作成）

成熟事業である「金のなる木」が生み出した資金を、成長事業の「花形」や新規事業の「問題児」に配分することで、企業は長期的に発展できる。

PPM の作り方

PPMの作成では、まず戦略事業単位（Strategic Business Unit 以下SBU）を定義する。SBUとは、独自の顧客・組織を持ち、独立した戦

40

略の策定とその実施に責任を持つ事業単位である。

次に、各 SBU が所属する市場の成長率と相対的市場シェアを確認する。相対的市場シェアとは、自社以外の最大シェアを持つ企業を 1 としたときの自社の相対的な割合。たとえば、最大シェアの企業がシェア 20％で自社が 8％だったら「0.4（＝ 8 ％÷ 20％）」。自社がシェア最大で 15％、2 番手が 10％だったら「1.5（＝ 15％÷ 10％）」となる。

縦軸に市場成長率、横軸に相対的市場シェアを取って、それぞれの「高」「低」でマトリクスを作る。「高」と「低」の境界は、この考えを初めて導入した GE のオリジナルでは市場成長率で 10％、相対的市場シェアで 1.0 であったが、それほど厳密なものではない。

最後に、マトリクス内に SBU をプロットする。表内の丸の大きさは SBU の売上高を示している。

PPM の理論的根拠

PPM の縦軸、横軸には、理論的な根拠がある。

縦軸の市場成長率は、製品ライフサイクル（PLC、P.36 参照）と関連する。高成長の「花形」「問題児」は導入期・成長期に、低成長の「金のなる木」「負け犬」は成熟期・衰退期にある場合が多い。導入期は、製品開発や市場開拓に、成長期には拡張投資に多くの資金を要する。一方、成熟期・衰退期になると、資金需要はそれほど大きくない。

つまり、縦軸については、成長性が低い「金のなる木」「負け犬」は大きなキャッシュフローを獲得できることになる。

横軸の相対的市場シェアは、経験曲線効果に影響する。**経験曲線効果**とは、累積生産量が倍になるたびに単位当たりの生産コストが一定割合（20 ～ 30％）で低下していくという経験則である。量をこなすことで習熟や工程改善が進み、歩留まりが向上することなどの理由による。

横軸については、市場シェアが高い「金のなる木」「花形」は、たくさ

んの生産量をこなしており、コスト面で優位性がある。

　以上から、成長性が低くシェアが大きい「金のなる木」が、最大の収益・キャッシュフローを獲得できるという結論になる。

各象限の特徴

　PPMの４つの象限には、それぞれ特徴がある。

①金のなる木：成長率が低く市場シェアが高い、本業。最大のキャッシュフローを期待できる。この状態を維持することや、生み出したキャッシュフローを次代の事業育成に活用することが課題になる。

②花形：成長率・市場シェアともに高い、次の大黒柱となる中核事業。キャッシュインは増加傾向にあるが、キャッシュアウトも多いため、ネットのキャッシュフローは低水準にとどまる。市場での優位な地位を確立することが課題である。

③問題児：成長率が高く、市場シェアが低い事業。これからが期待される新規事業。製品開発・組織体制確立・市場開拓などによって、事業を軌道に乗せることが課題である。

④負け犬：成長率・市場シェアともに低い事業。下り坂の衰退事業。縮小均衡でキャッシュフローを確保するか、難しいなら撤退する。

資金循環のあり方

　新規事業は、成長市場を狙うものの最初から高シェアを確保できないので、「問題児」から始まる。新規事業がうまくいくと競争力・シェアが高まり、「花形」に移る。「花形」の成長事業も、やがてPLCに従って成長が鈍化し、「金のなる木」になる。そして、「金のなる木」が優位性を失うと、「負け犬」に転化する。つまり、標準的な事業のライフサイクルは、図のように"逆のコの字"を描いて進む。

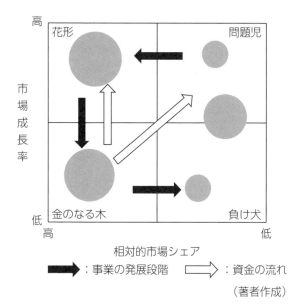

（著者作成）

　「金のなる木」が生み出した資金を、「問題児」の新規事業の開発や「花形」の成長事業の拡張投資に投入することによって、個々の事業が"逆のコの字"を描く。この「金のなる木」「花形」「問題児」の3セルに事業をバランスよく持とうというのが、PPMの最大のメッセージである。

チェックポイント

- 自社ではPPMを作成しているか。作成していないなら、主要な事業についてPPMを作成せよ。
- PPMに基づき、適切な資源配分が行われているか。とくに成熟した大企業では、新規事業の創造や事業の取捨選択など、改革に取り組んでいるか。

ブルーオーシャン戦略

概要

ブルーオーシャン戦略は、W. キムと R. モボルが提唱した戦略論である。2 人によると、ポーターらポジショニングビュー（P.18 参照）の競争戦略の世界は、業界内で血で血を洗う競争の激しいレッドオーシャン（赤い海）で、消耗戦になるため利益率が低く、長期的に生存できない。

それに対しブルーオーシャン（青い海）は、競合相手のいない新しい領域で、他社に先駆けて事業展開することで、新たな需要を創造しつつ市場を独占し、大きな収益を確保することができる。

成熟業界にもブルーオーシャンがある

すっかり成熟化した現在の日本でも、昔ほどではないが、ブルーオーシャンは存在する。しかも、IT や AI といった先端分野だけでなく、成熟業界にもチャンスはある。

坂本孝は 1991 年にブックオフを創業した。東京・神田にあるような従来型の古書店はマニア向けに希少本を扱っていたのに対し、ブックオフはコミックを含む低価格の一般書籍の古書という新たな市場を開拓した。

ブックオフを辞めた後、72 歳の坂本は、2012 年に「俺のフレンチ」「俺のイタリアン」（現・俺の株式会社）を創業した。飲食業界で流行っていたのは、高価格で美味しい店か安くて気軽な店だったが、坂本は、一流シェフが作る本格的な料理を低価格で提供するという新たな需要を作り出し、ブームを呼んだ。

坂本は、成熟した日本の成熟した業界で、2 度にわたってブルーオーシャンを開拓した稀有な起業家といえるだろう。

ただの宝探しではない

坂本やアメリカの IT 企業などの成功例を見ると、「よし、やってみよう」と思うのだが、成功するのは容易なことではない。

よく「誰もやっていないことをやればよい」と考え、ポジショニングマップ（P.78 参照）を作成して未開拓の市場を探し、事業展開しようとすることがある。

ただ、未開拓の市場＝ブルーオーシャンとは限らない。未開拓の市場は、規模が小さすぎたり、参入規制があったりして、他社が参入を躊躇しているだけかもしれない。事業展開する前に、綿密に市場調査をする必要がある。その際は、以下の 4 つの視点を確認するとよいだろう。

・「減らす」業界標準と比べて減らすべき要素は何か？
・「取り除く」業界標準から取り除く無駄な要素は何か？
・「加える」業界で過去に提供されていない要素は何か？
・「増やす」業界標準と比べて増やす要素は何か？

なお、ブルーオーシャンを開拓した後の優位性の持続も、大きな課題だ。

参入した市場で優位性を長続きさせるには、ブルーオーシャンに一番乗りするだけでなく、しっかりしたビジネスモデル（P.90 参照）を構築することが大切だ。さらに、後続の参入者に対する参入障壁を構築したい。

チェックポイント

・ 自社が所属する業界や関連業界で、ブルーオーシャンはどこにあるか。「減らす」「取り除く」「加える」「増やす」という観点から業界の標準・常識を確認してみよう。
・ ブルーオーシャンを捉えるための戦略的な取り組みをしているか。

国際化の発展段階

概要

　企業は、ある国で誕生し、段階的に国際化して発展・成長していく。国際化の発展段階について、以下のようなモデルがある。

〈バーノンのプロダクトライフサイクル理論〉

　R. バーノンは、製品ライフサイクル（P.36 参照）に従って生産技術が模倣され生産コストが低下するという仮説に基づき、企業の国際化を説明した。

導入・成長期	研究開発力に優れた技術先進国から消費市場の先進国（導入期）、発展途上国（成長期）へ輸出される	輸出中心
成熟期	技術は標準化して移転が可能になり、価格競争が激化するので、安い労働力を求めて、現地生産が増える。	技術移転／現地生産
衰退期	発展途上国が標準化された技術を模倣して、労働コストの低い国から先進国に輸出される	逆輸入／多国籍化

（バーノンのアイデアをもとに著者作成）

〈パールミュッターの EPRG モデル〉

　H. パールミュッターは、トップの海外事業に関する経営姿勢を中心に以下のような EPRG モデルを示した。

①国内志向型企業（Ethnocentric）：本国にある本社を中心にした考え方。輸出志向の企業など

②現地志向型企業（Polycentric）：「郷に入れば郷に従え」的な現地主義。海外生産における労務管理など

③地域志向型企業（Regiocentric）：欧米亜など類似した地域ごとに考える。地域本部制による権限委譲など

④世界志向型企業（Geocentric）：国境や地域を越えたグローバルな視点に立つ。

〈マッキンゼーの経営機能移転モデル〉

マッキンゼーは、経営機能の移転に着目し、図のような５段階モデルを提唱した。

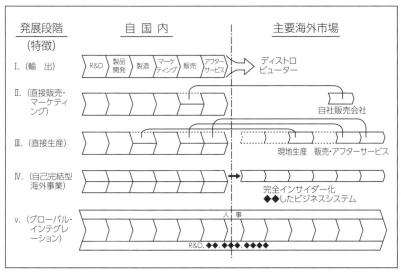

（大前研一『日本企業生き残り戦略』プレジデント社）

自動車産業のグローバル化

日本の自動車産業のグローバル化を上記のモデルで確認しよう。

第二次世界大戦で壊滅的な打撃を受けた日本の自動車産業は、戦後復興や朝鮮特需に対応したトラック販売で復活。さらに、1960年代のモータリゼーションで、セダン系乗用車の国内需要が急速に増大した。

しかし、1970年代には国内市場は飽和し、完成車の海外輸出が急増

する。1970年代の10年間に国内市場は100万台しか増えていないのに対し、輸出は400万台以上も増加した。

1980年代になると、日米貿易摩擦が表面化し、完成車輸出が制限されるようになった。これを受けて各社とも海外市場での現地生産を始める。最大市場のアメリカでは、ホンダ（1978年）、日産（1980年）に続いて、トヨタもGMと合弁で1984年に現地生産を開始した。これは、バーノンのモデルでは「成熟期」、パールミュッターのEPRGモデルでは「現地志向型企業（P）」の段階に移行したといえる。

海外生産には、現地部品ゼロのノックダウン組み立てから、エンジンなど主要部品を現地生産するやり方まで色々ある。つまりローカルコンテンツ（現地部品調達率）が異なるのだが、1980年代には、海外生産拠点の増加とローカルコンテンツの増大が同時に進んだ。

海外生産の拡大は、マネジメントの質も変えた。たとえばトヨタは、GMとの合弁プロジェクト（1984年）を経て、1987年にケンタッキーとカナダに単独で工場進出した。最初は、生産技術を中心とした技能的指導のみ。しかし、カンバン方式とよばれるトヨタ流の製造方式を現地に移転するためには、物流の仕組みから始まり、最終的には経営理念、価値観や暗黙知的なトヨタ流のやり方を"トヨタウェイ"として伝授していかなければならなくなった。現在のトヨタは、バーノンのいう多国籍企業、パールミュッターの地域志向型企業（R）に近づいているといえる。

以上、生産の機能を中心に確認したが、販売やアフターサービスの機能は、輸出を始めた1960年代から現地化している。マッキンゼーの（他の表現と合わせる）モデルのように機能別に見れば、移転のタイミングは異なる。

▌モデルに従うのが正しいのか

　紹介した各モデルは、先進国の企業で観察された一般的な傾向を抽象化したものである。日本の自動車産業のグローバル化を振り返ると、各モデルが当てはまっているようだ。

　ただ、個々の企業の意思決定では、モデル通りに事業・組織を展開すべきかどうか、慎重に判断する必要がある。

　まず、グローバル化の「発展段階」というと、先の段階に進めば進むほどよいと考えがちだが、そうとは限らない。段階が進むほど売上高は大きくなるが、収益性が高まることは実証されていない。

　また、一つ一つ段階をクリアしていくのが正しいとは限らない。「味千ラーメン」は、国内では熊本県を中心に 74 店舗という地方中堅チェーンなのに、海外には 14 か国 819 店舗を展開し（2019 年末）、日本の飲食業では最もグローバル化している。先行優位性（P.72 参照）を発揮するには、段階を踏むよりも一足飛びに先に進んだ方がよいということだろう。

　つまり、各モデルはあくまでもパターンであり、どの段階までどう進むかは、企業のビジョン・経営資源・外部環境などを勘案し、柔軟に決めるべきである。

───────────── チェックポイント ─────────────

- 自社のこれまでのグローバル化は、各モデルにどこまで当てはまっているか。
- 各モデルを参考にしつつ、ビジョン・経営資源・外部環境などを勘案し今後のグローバル展開を検討してみよう。

M&A

概要

　企業の成長には、自力で成長する内部成長とM&Aによる外部成長がある。**M&A**（Merger & Acquisition 合併・買収）は、外部の企業・事業を自社に取り込むことによって事業領域を拡張する戦略である。

　M＆Aによって企業は、未知の領域で事業展開するリスクを軽減できるとともに、一から事業を創造する場合に比べて時間を短縮できる。

　J.バーニーによると、M&Aは目的別に表のように分類できる。

分類カテゴリー	内　容
垂直型合併	供給業者や顧客を買収
水平型合併	競合企業を買収
製品拡張型合併	M＆Aによって既存製品を補完する製品ラインを獲得
市場拡張型合併	M＆Aによって新たな市場を獲得
コングロマリット型合併	買収企業と被買収企業の間に戦略的関連性なし

（バーニーのアイデアをもと（他出）に著者作成）

M＆Aが成長戦略の選択肢に

　従来、日本企業は内部成長を重視し、M&Aからは距離を置いていた。しかし、90年代以降成長戦略にM&Aを取り入れる企業が増えている。これは、近年、事業のリスクが増大してM&Aによるリスク軽減と時間節約の効果が増していること、カネ余り、金融市場の発達、関連法規の整備でM&Aが利用しやすくなっていることなどの事情による。

　ソフトバンクは、孫正義が1980年にコンピューターの卸売を始めたのが起源である。90年代からはIT分野で事業を拡張し、米ヤフー

への出資など積極的な M&A で急成長した。2006 年にボーダフォン日本法人を買収し、携帯電話事業に進出した。現在、持ち株会社が M&A で様々な企業を傘下に収め、多角的に事業展開している。

　とくに IT のような技術の変化が早い分野では、M&A で時間を買うことが有効であるとされる。

▌M&Aを成功させるには？

　多くの実証研究によると、M&A によって企業価値向上に成功した企業は決して多くはない。よって、次の点に留意するべきだろう。

　第1に、既存の事業と買収する事業のシナジーを意識し、シナジーを実現しやすい事業を買収することだ。業種・業態・事業プロセスなどが異なる事業との M&A では、シナジー効果がなかなか実現しない。

　第2に、適正価格で買収することだ。買収することが目的化し、「どうしても買いたい」と思うと、評価額に高いプレミアムを付けて買収してしまうことがある。冷静に買収のチャンスを待つとともに、事前に綿密に**デューデリジェンス**（Due Diligence 買収監査）を実施してリスクを管理することが大切だ。

　第3に、買収後の統合作業（**PMI**、Post-Merger Integration）を計画的かつ徹底的に行うことだ。企業の文化・資源・事業プロセスの違いなどから PMI がうまく進まない事例をよく見受ける。PMI の計画を綿密に策定するとともに、強力なリーダーシップを取って進める。

───────────── チェックポイント ─────────────

- 自社の経営戦略を実現する上で、どのタイプのM＆Aが必要か。
- M＆Aを実行している場合、成果を実現できているか。できていないなら原因は何か。

撤退障壁と撤退意思決定

概要

　企業が事業から撤退するには、以下の4つの理由がある。

①需要の減退

②競争に敗れる

③事業ドメインの再構築

④事業の使命の終了

　必要な撤退を思いとどまらせてしまう要因のことを**撤退障壁**という。撤退障壁に注意しつつ、定量的・定性的な検討をし、総合的に判断する。

事業撤退の動機

　事業は永遠に発展・成長することはなく、以下の4つの動機で撤退する。

①需要減退による撤退

　産業が衰退期に入って需要が減退し、事業を維持発展させるのに十分な販売が確保できない場合、事業撤退を決断しなければならない。これは長期的に見てよく起こる撤退である。ポケベルは、1990年代前半に中高生の間で大ブームになったが、携帯電話の普及で需要が減少し、2019年までに各社は撤退した。

②競争に敗れての撤退

　需要は存在しても、産業内で優位な競争的地位を確保できず、十分な収益を得ることができない場合、撤退が必要になる。これは、需要減退と同様に、日常的によく見られる撤退である。NECなど日本の多くのメーカーは、Appleやサムスン電子など海外勢との競争に敗れて、2010年以降、相次いで携帯電話事業からの撤退を決めた。

③事業ドメイン再構築のための戦略的撤退

　需要も競争力もあるが、事業ドメインを再構築するために戦略的に撤退する場合がある。味の素は、「グローバル健康貢献企業グループ」を目指して医薬・健康分野に経営資源を集中するために、需要も競争力もあったカルピスをアサヒグループ（アサヒ飲料）に売却した。

④事業使命の終了など、その他の理由による撤退

　事業の使命が完遂されたと判断した場合や、オーナー企業の経営者が経営意欲を喪失した場合なども、事業撤退につながることがある。大きな建設プロジェクトでは、複数の建設会社が JV（Joint Venture 共同企業体）を組んで事業を進め、プロジェクトが終了したら JV を解散する。

　市場・競争の変化に対応し、迅速に①②を進める必要があることはいうまでもない。ただ、厳しさを増すグローバル競争を考えると、③戦略的撤退によって真に競争力のある事業に集中することも考慮する。

▌6つの撤退障壁

　誰の目から見ても撤退すべき事業でも、なかなか撤退できないということがある。ポーターは、撤退という意思決定を阻害する要因として、6つの撤退障壁を指摘した。

• 耐久性のある専門特化した資産：特定の立地を前提とした資産や特定業種に特化した資産は流動性が低く、移転コストが大きくなる。

• 撤退コスト：労働者への補償、設備撤去費用、契約解除のペナルティ、能力維持費用など、撤退によって直接・間接に費用が発生する。

• 戦略的要因：多角化した企業では、撤退する事業のイメージやマーケティング能力、資本市場へのアクセス、共用資産などが、他の事業部門と強い関係にある場合、撤退によって企業全体の競争力が低下することがある。

- 情報要因：企業内の他部門との共用資産が多かったり、取引関係が深かったりすると、事業の実態についての情報が掴みにくくなり、撤退判断が難しくなる。
- 心理的要因：経営者は特定の事業への愛着、従業員への配慮、自身のキャリアが傷つくことへの恐れ、プライドなどから、撤退を避けようとする。上記の要因は合理的だが、この心理的要因は非合理的である。
- 政府や社会の制約：トップが雇用や地域社会への影響を配慮したり、政府が撤退に対して補償を要求したりする場合、撤退が難しくなる。

　とりわけ日本企業でよく問題になるのが、心理的要因。経営トップは自ら立ち上げた「社長プロジェクト」にプライド・愛着があって、なかなか撤退を判断できない。また、従業員の雇用への配慮も要求される。

事業撤退の意思決定

　誰もが気が進まない事業撤退。どのように意思決定するべきだろうか。一般によくいわれるのが、次の4つである。
①所属する市場が衰退期に入ったら撤退する。
②市場でのシェアが1位か2位を見込める事業は残し、3位以下の事業からは撤退する。
③ROE（Return On Equity）やEVA（Economic Value Added 経済付加価値）といった収益性指標で撤退基準を設けて、基準値を下回る事業から撤退する。
④PPM（P.40参照）で「負け犬」の事業からは撤退する。

　このうち②③は、GEのジャック・ウェルチCEOが1970年代後半に大リストラを敢行したときに使用したことで有名だ。しかし、①は成熟期でも利益を上げられるケースがあるし、②と③については、これか

ら伸びる新規事業の芽を摘んでしまう可能性がある。

④については、シナジーや補完効果など考慮すべき点が他にもたくさんあり、PPM だけでは撤退の是非を判断できない。

つまり、撤退は基準を決めて機械的に意思決定できるものではなく、「定量的な要因＝目指すビジョン・ドメインと合致しているか」と「定性的な要因＝企業価値が増えるか」を考慮し、総合的に判断する。

図でいうと、A（目指すビジョン・ドメインに合致し、撤退すると企業価値が減少する）は撤退しない、D（目指すビジョン・ドメインに合致せず、撤退すると企業価値が増加する）は撤退する。B と C については経営者の判断次第で、正解はないといえよう。

| | | ビジョン・ドメイン | |
		合致する	合致しない
企業価値	減少する	A 撤退しない	B ?
	増加する	C ?	D 撤退する

（著者作成）

チェックポイント

- 不採算な事業から撤退できていないのは、撤退障壁などを含めてどういう理由か。撤退障壁をどう克服すればよいか。
- 事業撤退に関する方針・ルールがあり、不要な事業から適切なタイミングで撤退できているか。

第3章
競争戦略

企業が競合他社に対する競争優位性を高める戦略のことを競争戦略という。コストや差別性で他社に優位に立つと、収益性が高まる。この章では、ファイブフォース分析、基本競争戦略、地位別競争戦略など、競争戦略のセオリーを検討する。

ファイブフォース分析

概要

ファイブ（5）フォース分析は、業界の魅力度合いを分析するフレームワークである。ポーターによると、業界の魅力度は5つの要因で決まる。

①新規参入の脅威
②代替品の脅威
③供給業者の交渉力
④顧客の交渉力
⑤既存業者間の敵対関係

企業は、5フォース分析によって魅力的な業界を選択するとともに、収益性を高めるように、5フォースに働きかける。

新規参入の脅威

新規参入が容易な業界では、プレイヤーの数が増えて供給超過になり、販売価格が低下するので収益性が低下する。逆に、参入が困難な業界では、収益性が向上する。脅威の大きさは以下の要因で決まる。

- 必要な資本の大きさ
- 許認可・法規制
- 技術・ノウハウ
- チャネルなどネットワークの必要性

代替品の脅威

業界の製品・サービスに有力な代替品が存在すると、需要が代替品に

シフトし、供給超過になり、収益性が低下する。逆に、有力な代替品が存在しないと、収益性が向上する。

　なお、代替品を考える際には、製品・サービスの物理的な側面だけではなく、事業が顧客に対して提供する機能に注目するとよい。たとえば、ハンバーガー・チェーン業界の代替品であれば、ハンバーガーというファストフードの代替品として牛丼や立ち食い蕎麦の影響を検討するだけではなく、「時間つぶし」という機能の代替品として喫茶チェーンやゲームセンターの影響を検討する必要がある。

供給業者の交渉力

　その業界に原材料・部品・工作機械などを供給する供給業者の交渉力が強いと、それらを調達するコストが高くなり、業界の収益性が低下する。逆に、供給業者の交渉力が弱いと、業界の収益性が向上する。交渉力の大きさは以下の要因で決まる。
- 購入量・ロットの大きさ
- 原材料などの差別性・内製可能性
- 原材料などに関する情報の非対称性。売り手と買い手の情報格差を**情報の非対称性**といい、非対称性が小さいと交渉力が弱まる
- 供給業者にとっての業界の重要性

顧客の交渉力

　製品・サービスを販売する顧客の交渉力が高いと、販売価格が低下し、業界の収益性が低下する。逆に、顧客の交渉力が低いと、業界の収益性が向上する。

　顧客の交渉力の大きさを決める要因は、③の供給業者の交渉力に挙げた要因と表裏の関係なので、ここでは省略する。

既存業者間の敵対関係

　業界内のプレイヤーが強く敵対すると価格競争が発生し、業界の収益性が低下する。逆に、敵対関係が弱いと業界の収益性が向上する。

- 業者数、強いリーダーの存在。強力なリーダーが存在すると競争を回避しようとする
- 製品・サービスの差別性
- 固定費や在庫。固定費を薄めるため、あるいは在庫をさばくため、安売りしようという誘因が働く
- 業界の成長速度。成長速度が低下すると、他社からシェアを奪わないと売上が増えない
- 競争を制限する法規制

ハンバーガーチェーン業界の５フォース分析

　図は、ハンバーガーチェーン業界の５フォース分析である。業界の魅力を高める要因を○、下げる要因を×、どちらとも言えないものを△にしている。

```
新規参入の脅威＝○（小）              代替品の脅威＝×（大）
・資本 →○                          ・ファストフード
・法規制 →×                           （吉野家 etc）→×
・スキル・ノウハウ →○               ・時間つぶし
・上位企業の占有度 →○                 （スターバックス etc）→×
                                    ・テイクアウト
        既存業者間の敵対関係＝△         （セブンイ - レブン etc）→×
        ・業者数・リーダー→○         ・家族で外食
        ・差別性→×                    （デニーズ etc）→×
        ・固定費・在庫→△
        ・業界の成長速度→△

供給業者の交渉力＝○（小）            顧客の交渉力＝×（大）
・購入量・ロット →○                 ・顧客数・規模→○
・原材料の差別性 →○                 ・差別性→×
・業者数・規模 →○                   ・重要性→×
・重要性 →○
```

（著者作成）

　ハンバーガーチェーン業界は新規参入が難しく、既存業者間の敵対関係はさほど激しくない。そのため、1971 年にマクドナルド、1972 年にモスバーガー、ロッテリアという 3 社が事業を始めて半世紀にわたってシェア順位に変動がない点を見ても、参入も撤退も少なく、非常に安定した業界である。ただ、代替品の脅威は大きいし、顧客の交渉力が強いので、なかなか収益性を高めにくいと推察できる。

5フォースに働きかける

　これから事業を始める場合、5 フォースを使ってターゲットとする業界を分析し、魅力的な業界を選択する。

　また、すでにある業界で事業展開している場合、5 フォースに働きかけることで、収益性を高めることができる。

　鉄鋼業界では、90 年代後半以降、日本・世界で合併が行われた。その結果のプレイヤーの数が減り、既存業者間の敵対関係が弱まっている。

　トヨタは 2002 年、不二精工が開発したタイヤの新工法を使って横浜ゴム・東洋ゴム工業（現 TOYO TIRE）にタイヤを量産させる計画を発表した。コスト削減もさることながら、トヨタの主要部品の中で唯一グループ企業が生産していないタイヤについて、ブリヂストンなど主要メーカーにトヨタの力を誇示し、供給業者の交渉力を低下させることが狙いだったと思われる。

━━━━━━━━━━━━ チェックポイント ━━━━━━━━━━━━

- 所属する業界の構造を5フォース分析し、業界の収益性が高い（低い）理由を明らかにせよ。
- 業界の構造を変えるために、5フォースに適切な働きかけができているか。

アドバンテージマトリクス

概要

　アドバンテージマトリクスは、「業界の競争要因の数」と「優位性構築の可能性」という２つの軸で事業特性を分類する、ボストンコンサルティンググループ (BCG) が考案したフレームワークである。

　「業界の競争要因の数」の多い・少ないと「優位性構築の可能性」の大・小で、分散型事業、特化型事業、手詰まり型事業、規模型事業の４つに類型化できる。

　それぞれの事業で収益性を改善するよう努めるとともに、収益を上げやすい他のタイプに転換することを考慮する。

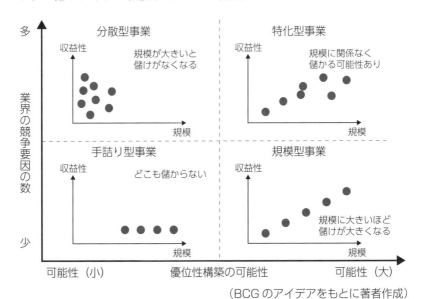

（BCG のアイデアをもとに著者作成）

62

分散型事業

　競争要因が多く、優位性を構築する可能性が低い事業。規模の経済性が働きにくく、小規模なプレイヤーが乱立している。飲食業やアパレル業が該当する。ポーターは、こうした業界を「多数乱戦業界」と呼んでいる。

　飲食業やアパレル業で成功している、いわゆる「人気店」を見ると、商品の品質よりも、店主の際立った個性やリーダーシップが成功要因になっていることが多い。こういう強みを前面に押し出していく。

　とはいえ、このタイプの事業で収益性を高めるのは難しい。特化型事業や規模型事業への転換も柔軟に考えるとよい。

手詰まり型事業

　競争要因が少なく、優位性構築の可能性も低い事業。事業は製品ライフサイクル（P.36 参照）の成熟期・衰退期にあり、他社と差別化することが難しく、収益性を高めにくい。

　このタイプの事業は展望が開けにくいことから、導入期・成長期にある業界に進出することを考えたい。

　この事業にとどまる場合、製品・市場を細分化し、ニーズを掘り起こすことを考えたい。たとえば、ラジオは製品・市場全体では衰退期だが、スマートフォンでラジオを聴く若者が増え、新型コロナウイルスでその増勢が加速しているという。

特化型事業

　競争要因が多く、優位性構築の可能性が高い事業。特定の分野で強みを持つことで、優位性を確保することができる。エンジニアリング・医

薬品などが該当する。

　このタイプの事業は収益性を高めやすいが、すべてのプレイヤーが成功するわけではない。特化する分野を明確にする必要がある。同じ医薬品業界でも、武田薬品工業が莫大な研究開発費を投じて大型の新薬を開発しようとしている一方、小林製薬やエーザイは消費者や患者の困りごとを解決するための製品開発戦略を取っている。

規模型事業

　競争要因は少なく、優位性構築の可能性が高い事業。規模の経済性が働くので、シェア上位の企業が収益性を上げやすいという明瞭な特徴が現れる。鉄鋼・石油・半導体などが該当する。

　この事業では、規模が何より大切なので、積極的な投資が欠かせない。ただ、鉄鋼・石油・半導体などは市況産業（需給による価格変動に左右される産業）で、市況低迷時に投資を行うと供給過剰に陥り、収益性をさらに低下させてしまう。タイミングのよい投資意思決定がカギになる。

　なお、規模が小さく、上位企業との規模の差を埋めにくい小規模プレイヤーは、差別化できるニッチな分野を見つけ出すとよいだろう。神戸製鋼所は鉄鋼業界では第３位だが、ハイテン（高張力鋼板）など差別化商品に活路を見出している。

参入障壁

　優位性を構築しにくい分散型事業や手詰まり型事業では、他のタイプの事業に転換することをよく検討する。しかし、別の業界に参入するというのは、容易なことではない。

　ある業界から別の業界に参入するとき、参入を困難にする要因のことを**参入障壁**という。これには以下のようなものがある。

- **法制度**：事業を始めるにあたって免許・許認可・承認・届出などの法的規制があり、それをクリアするのが困難な場合
- **コスト**：すでにその業界で事業展開している他社が、規模の経済性・経験曲線効果（P.41 参照）・シナジー効果（P.32 参照）などで低コストを実現している場合
- **資本**：事業に大きな資本が必要な場合。とくに金融市場が引き締め状態だと、資本調達力のない小規模企業は参入が難しくなる。
- **技術・ノウハウ**：事業に必要な技術・ノウハウが高度で、市場から入手したり、学習することが困難な場合
- **経営資源へのアクセス**：事業に必要なその他の経営資源、たとえば仕入先、人材などへのアクセスが困難な場合
- **上位企業の占有度**：すでに事業展開している他社のうち上位企業のシェアが高く、顧客を開拓する余地が乏しい場合

　参入にあたっては、こうした参入障壁をクリアできるかどうか、慎重に検討する必要がある。

チェックポイント

- 所属する業界は、分散型事業・特化型事業・手詰まり型事業・規模型事業のどれに該当するか。
- 手詰まり型事業の業界に所属する場合、分散型事業や規模型事業で規模が小さい場合、特化型事業で事業に際立った特徴がない場合、状況を打開するためにどのような対応が必要だろうか。
- 別の業界に参入する場合、どのような参入障壁があるか。参入障壁を克服することができそうか。

基本競争戦略

概要

　ポーターは、ある業界内での競争戦略として次の３つを提示した。

・コストリーダーシップ：他社と同じ品質のものを低コストで生産

・差別化：他社と異なる品質のものを生産し、高値で販売

・集中化：特定のセグメントに競争範囲を限定

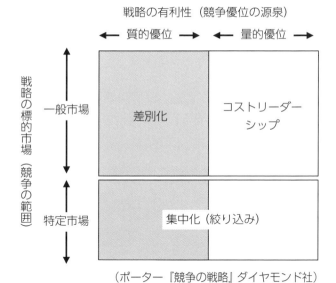

（ポーター『競争の戦略』ダイヤモンド社）

コストリーダーシップ

　コストリーダーシップ（cost-leadership strategy）は、規模の経済性や経験曲線効果（P.41 参照）によるコストメリットを生かして、競合他社より低コストで製品を生産する戦略である。

　量的優位（低コスト）を確立できれば、同業者の値引き合戦にも勝てるし、買い手の値引きや供給業者の値上げ要求にも対抗できる。コスト競争力に勝ると、参入障壁（P.64 参照）が高まって、新規参入者や代替品からの脅威にも対応できる。

　コストリーダーシップを実現するには、少品種の標準品に絞ったり、プロセス・イノベーション（P.99 参照）に卓越することが重要である。

　ハンバーガーチェーン業界のマクドナルドのように生産・販売数量が多い業界首位の企業（リーダー P.74 参照）は、コスト面で優位に立てるので、コストリーダーシップを取ることが多い。

差別化

　差別化（differentiation strategy）は、競合他社とは質的に異なる製品やサービスを生産し、高値で販売する戦略である。品質・機能・付加価値・消費者のブランド選好を高めて質的優位を確立できれば、同業者の価格攻撃を回避できる。また、最終顧客の高いブランド忠誠心を背景に、買い手や供給業者からの要求も薄まるし、新規参入者や代替品の脅威にも対抗できる。

　差別化で競争優位を実現するには、多品種少量にしたり、プロダクト・イノベーション（P.99 参照）を創造したりすることが大切である。

　ハンバーガーチェーン業界のモスバーガーのように、業界 2 番手の企業（チャレンジャー、P.74 参照）は差別化で競争関係をひっくり返そうとする。

集中化

　集中化（focus strategy）は、特殊なセグメントに絞り込んでその市場で優位に立つ戦略である。集中する領域の例は、以下の通りある。

- 特殊な分野：医療用注射針
- 特殊な技術：レーザー彫刻加工技術
- 特殊な顧客層：ダイバー向け時計
- 地域的な特化：地方銀行
- 販売方法・販売チャネル：シャンプーを美容室で販売

　なお集中化は、コスト面の優位を目指すコスト集中と、質的な優位を目指す差別化集中に細分化できる。

　業界下位の企業は、メインの市場で上位の企業と正面から戦うことは難しいので、ニッチャー（P.74 参照）として集中化を実践することが多い。

スタックインザミドル仮説

　市場には、高品質を望む顧客もいれば、低価格を望む顧客もいる。企業が売上高を増やすために、すべての顧客ニーズに対応しようとすると、差別化とコストリーダーシップを同時に追求することになりやすい。

　しかし、コストリーダーシップと差別化では必要とされる経営資源や組織能力が異なるので、両方に卓越するのは困難だ。

　図のように、縦軸に投資収益率、横軸に市場シェアを取ると、利益率が高いのは、差別化あるいはコストリーダーシップで業界全体で優位に立ったシェアの大きい企業か、集中化で特定の領域で優位に立った企業である。差別化・コストリーダーシップ・集中化のどれかに徹底せず、中くらいの規模の企業は利益率が低くなる。

　このように戦略を徹底できず、中途半端な状態で優位を失うことを、ポーターは**スタックインザミドル**（stuck in the middle 中間の立往生）と呼んで批判した。「コストリーダーシップも差別化も」ではなく、戦略を特化することが重要である。

　このスタックインザミドル仮説に対しては、トヨタがカローラのよう

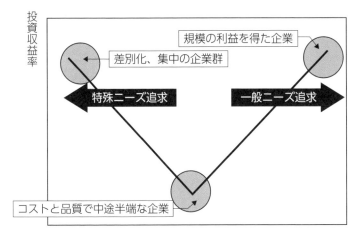

（ポーター『競争の戦略』を修正）

な低価格車でもレクサスなどの高級車でも競争力があることなどを例に、「コストリーダーシップと差別化を両立することは可能ではないか」と指摘されることがある。

　もちろん、不可能ではないが、トヨタのような豊富な経営資源を持つ超一流企業はともかく、たいていの企業は、どちかに特化するのが得策だろう。なおトヨタも、現在でこそ両方の戦略に卓越しているが、戦後から 1980 年代まで、コストリーダーシップで地歩を固め、その後、差別化に乗り出したという事実を確認するべきである。

チェックポイント

- 自社の基本競争戦略を確認してみよう。スタックインザミドルに陥ることなく、戦略を徹底できているか。
- 自社は、競合他社と比べて競争優位性はあるか。競争優位の源泉は何だろうか。

タイムベース競争と先行優位性

概要

　ボストンコンサルティンググループ（BCG）は、日本企業の研究から、生産から販売までのリードタイムを圧縮することにより競争優位を構築するタイムベース競争を提唱した。

　近年は、事業プロセスのスピードだけでなく、市場での機動的な行動が重視されるようになっている。ただし、他社に先駆けて行動するとリスクが大きいので、先行優位性が働くのかどうかを確認する。

時間に着目したタイムベース競争

　様々な経営のフレームワークの中で、企業の現場で最もよく使われるのが **QCD** である。

- Quality ＝品質
- Cost ＝コスト
- Delivery ＝納期

　経済学で QCD は**需要の３要素**と呼ばれ、企業は需要＝顧客ニーズに応えるために、QCD をレベルアップするよう、日夜取り組んでいる。

　ところが経営戦略論では、品質に着目する差別化やコストに着目するコストリーダーシップが基本競争戦略とされる通り（P.66 参照）、納期＝時間は注目されていなかった。

　BCG は、1980 年に圧倒的な強さを誇った日本の製造業を研究した。その結果、リードタイムの短縮という「納期＝時間」が競争優位の源泉になっていることを発見した。

　タイムベース競争は、生産から販売までのリードタイムを圧縮するこ

とにより、競争優位を構築する戦略である。タイムベース競争には以下
のような効果があり、利益率の向上をもたらす。

①市場の変化へのスピーディな対応

②顧客満足の向上

③低コスト化

　この戦略の代表例が、トヨタである。トヨタは、在庫を極限まで減ら
し、必要なときに必要な数を作るトヨタ生産方式を確立し、本来相対立
しやすい QCD をハイレベルで維持することに成功した。

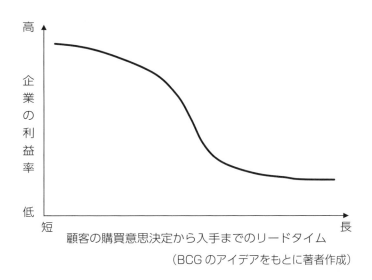

（BCG のアイデアをもとに著者作成）

リエンジニアリング

　こうした流れを受けて 1990 年代半ばに大流行した経営技法が、**リ
エンジニアリング**（Business Process Re-engineering, BPR）である。
M. ハマーと J. チャンピーが考案したリエンジニアリングは、顧客に価
値を届けるために、社内のビジネスプロセスを抜本的に組み替える改革
活動である。

まず社内の業務を分析し、顧客への価値の提供に繋がっていない無駄な業務や非効率な業務を洗い出す。そして、無駄な業務を廃止したり、アウトソーシングして、ゼロベースで組み替える。

リエンジニアリングによってリードタイムが短縮し、タイムベース競争と同じ効果を実現できる。

なお、リエンジニアリングを実践するためにバランスト・スコアカード（P.180参照）を活用することが多い。また、リエンジニアリングとリストラクチャリング（Restructuring）はほぼ同義である（現代の日本では、リストラ＝人員削減という捉え方になっているが、本来の意味するところでは）。

先行優位性の条件

近年、アメリカや中国のIT企業が機動的な行動でグローバル市場を席巻していること、多くの製品のライフサイクルが短縮化していることから、再び競争戦略で「時間」が注目されるようになっている。

ただ、社内のビジネスプロセスを合理化するのはともかく、他社に先駆けて市場で行動するのはリスクが大きい。一般にビジネスでは**先行優位性**が働くとされ、他社に先駆けて事業展開する方が有利なのだが、家庭用ビデオにおけるソニーのベータ方式のように、先行者が失敗した例も多い。先行優位性が働くには、次のようないくつかの条件がある。

①経験曲線効果

経験曲線効果（P.41参照）が働く製品・サービスでは、先行者は先に累積生産量を増やせるので、低コストで優位に立てる。

②ネットワークの外部性

ネットワークの参加者が増えるほど、ネットワークそれ自体の価値が増すことを**ネットワークの外部性**という。SNSのようなネットワークビジネスでは、他社に先駆けて標準的なネットワークを形成することが重要だ。

③ブランド

　とくに消費財では、他社に先行することで強力なブランドイメージを消費者に植えつけ、優位に立つことができる。

④買い手のスイッチングコスト

　買い手が、ある商品から新しい商品に切り替えるときに発生する費用・手間などをスイッチングコストという。工作機械や原動機などの生産財は、使用のために教育訓練が必要なのでスイッチングコストが大きく、先行優位性が働きやすい。

⑤希少資源の占有

　航空会社にとっての空港発着枠や電話会社にとっての電波のように、事業を展開する上で必要不可欠な資源が希少な場合、それを他社に先駆けて占有することで、優位に立てる。

　こうした条件が当てはまるなら、まだ不完全な状態の事業・製品であっても、拙速なくらいスピードを重視して先行するべきである。当てはまらないなら、後行でじっくり展開することで良い。

　どちらがよいかは、産業の性格や経営者のリスク選好などによって決まってくるが、市場・技術などの変化が早くなっている今日、先行優位性が働きやすくなっているといえるだろう。

───── ◆チェックポイント◆ ─────

- 自社の主要顧客は、QCDのどれを重視しているだろうか。市場のトレンドはどうか。
- 自社の事業プロセスは合理的で無駄がなく、同業他社と比べてリードタイムは短いか。
- 自社の製品・サービスは、先行優位性の条件がどこまで当てはまり、市場行動のスピードが要求されるか。

地位別競争戦略

概要

　P. コトラーによると、ある業界内には、リーダー、チャレンジャー、フォロワー、ニッチャーという4つの競争地位があるという。

- リーダー（leader）：業界内で最大のシェアを持ち、業界を主導する企業
- チャレンジャー（challenger）：リーダーに次ぐ規模を持つ2位、3位の企業
- フォロワー（follower）：業界の中位・下位で、市場での生き残りを目指す企業
- ニッチャー（nicher）：マーケットの中の特定セグメントを対象市場とする小規模な企業

　そして、それぞれの地位には定石といわれる戦略がある。

リーダーの戦略

　業界最大の生産量・販売量のリーダーは、規模の経済性や経験曲線効果（P.41 参照）により、単位当たりのコストを低く抑えることができる。つまり、リーダーには、コストリーダーシップ（P.66 参照）が有効だ。とくに鉄鋼・化学といった規模型事業では、リーダーはコストリーダーシップで優位に立つことが多い。

　リーダーは、市場での最大シェアを維持することを目標にする。そのための標準的な戦略が、地理・用途などの面でマーケット全体に対するカバー率を上げるフルカバレッジである。トヨタは、かつてはカローラなどガソリン大衆車が中心だったが、その後、高級車レクサスやハイブ

リッド車プリウスを投入したり、ダイハツを傘下に収めて、市場のあらゆるニーズに対応している。

　また、リーダーのシェアがすでに高い場合、さらにシェアを高めるのは容易ではない。そこで、マーケットの規模拡大のために**総需要拡大**という戦略を取ることになる。たとえば証券業界のリーダー野村證券は、2014 年に NISA（少額投資非課税制度）が導入されると、NISA そのものの広告宣伝、相談対応、説明会などを行ってこれを普及させ、パイを広げることに注力した。

　チャレンジャー以下の競合が新しい商品で攻勢を仕掛けてきたら、類似の商品を出して、低コストと体力勝負で打ち負かすことができる。これを**同質化**という。ビール業界のリーダーだったキリンがアサヒのスーパードライ発売（1987）に対抗してキリンドライを発売したのが、同質化戦略の最も有名な事例である。ただし、これは失敗に終わっている。

チャレンジャーの戦略

　チャレンジャーは通常、マーケットの広い範囲を対象にしている。リーダーがマーケット全体をカバーし、かつコストリーダーシップを握っているので、チャレンジャーは、自ら仕掛けていかなければそれ以上の拡大は望めない。規模で劣り、コストで対抗できないため、ユニークな商品、新しいコンセプトの商品など先手を打って展開することにより、新たな顧客、リーダーの商品に不満を持つ消費者を取り込んでいく。

　ビール業界のアサヒがスーパードライ、ハンバーガーチェーン業界のモスバーガーがテリヤキバーガーやライスバーガーという差別化商品でリーダーに立ち向かったように、差別化（P.67 参照）がチャレンジャーの基本戦略である。

　ただし、差別化には製品開発やプロモーションのコストがかかるため、商品に魅力・付加価値がないと新たな顧客を取り込んで利益を確保する

ことができない。また、一時的に差別化できても、リーダーは同質化で類似商品を出してくる。したがって一時的な成功に安住せず、常に差別化し続けなければならない。

タイプ	目標/スタンス	戦略の基本方針	ポイント
リーダー	No.1 を守る	市場規模の拡大	・コストリーダーシップと同質化
		全方位の事業展開	・自らは能動的に仕掛けない
チャレンジャー	リーダーの地位を狙う	革新的差別化	・リーダーが模倣できない独自性
フォロワー	何とか生き残る	経営資源の効率化	・開発・マーケティングのコストとリスクを回避
ニッチャー	大手との競争を回避	集中化	・独自の強みを生かすサブセグメントの形成

（コトラーのアイデアをもとに著者作成）

┃ フォロワーの戦略

　体力で劣るフォロワーは、独自の戦略でリーダーやチャレンジャーに対抗して反撃を受けるよりも、リーダーやチャレンジャーによってすでに成功が証明されている戦略を模倣することが多い。製品開発やプロモーションのコストを抑えて、安定的に事業を維持・拡大できるからだ。こうしたフォロワーの戦略を**模倣化**と呼ぶことがある。

　ハンバーガーチェーン業界では、リーダーのマクドナルドが6割以上のシェアを占める中、フォロワーのロッテリアは模倣化を続けてきた。1987年にマクドナルドが390円のセットメニュー「サンキューセット」をヒットさせると、ロッテリアは380円の「サンパチトリオ」を出した。2004年にマクドナルドが高級商品「マックグラン」を出すと、07年にロッテリアは「絶品チーズバーガー」で同じ路線を取った。

　ただし、フォロワーが模倣化によって高い収益を上げ、成長し続ける

というのは難しい。模倣化は延命措置に過ぎないという厳しい見方がある。業界内で中途半端なポジションになり、収益性が上がらない手詰まり状態のことを、ポーターは「スタックインザミドル（中間での立ち往生）」と呼んだ（P.68 参照）。

　フォロワーには、一点突破で思い切った差別化をする、M&A（P.50参照）で外部資源を活用する、業種転換する、といった抜本的な対応が要求される。

■ ニッチャーの戦略

　リーダーがマーケット全体をカバーしようとするのに対し、ニッチャーは、リーダーやチャレンジャーが苦手とするセグメントや規模的に魅力を感じないセグメントで独自のポジションを確立しようとする。つまり、ニッチャーの基本戦略は一点集中の集中化（P.67 参照）である。売上高やシェアを増やすよりも、特徴ある存在として、利益率を向上させることを目指す。

　世界の自動車業界でベンツや BMW はチャレンジャーの存在だが、日本市場では高級車市場に特化するニッチャーとして活動している。

　ニッチャーの集中化の成否は、集中したセグメントの魅力度合いによって決まる。他社が参入しにくいこと、将来需要が大きく減少しないことなどが、魅力的なセグメントの条件である。

チェックポイント

- 自社と競合他社の、市場での地位を確認しよう。
- 自社は地位別競争戦略の定石を実行し、競争優位を構築できているか。定石を実行していないなら、その理由は。

ポジショニングマップ

概要

　ポジショニングマップは、業界内の各社の競合状況を縦横の2軸で図示する技法である。業界の代表的な競争変数を軸に取って各社をマッピングし、ポジショニングの違いや自社の狙いどころを明らかにする。

競合状況を確認する

　競争戦略を策定する際には、ポジショニングマップ（あるいは戦略グループマップともいう）にまとめて分析することが有効だ。3軸だと見えにくくなるので、通常は2軸で作る。

　図は、ある会計事務所が作成したポジショニングマップである。

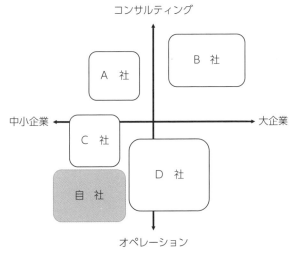

（著者作成）

　ポジショニングマップを作る際にポイントになるのが、軸の取り方である。質的に異なる 2 軸を取って、4 象限とも狙いどころになるのが、よいポジショニングマップである。

　事業は顧客層・顧客機能・代替技術という 3 つの視点で定義できるので、このうち 2 つから軸となる変数を選ぶとよいだろう。

ポジショニングマップに基づく戦略的対応

①空いているポジションを狙う

　ポジショニングマップ上にぽっかり空いた領域があったら、そこは競合がいないことを意味するので、参入を検討する。ただ、競合がいないのは、そのポジションが市場規模や収益性などの点で魅力的ではない、法規制があり事業展開が困難、といった可能性があるので注意する。

②競合が弱いポジションを狙う

　先ほどの会計事務所の業界のような成熟した業界だと、マップ上のあらゆる領域が埋め尽くされている。しかし、ある領域に競合がいても、その競合は競争力がないなら、勝負を挑むことが可能だ。

③別の新しい軸を作り出す

　成熟した業界の場合、まったく新しい第 3 、第 4 の軸を作り出すことも考えたい。競合が気づいていない軸を見つけ出し、競争のない領域を作り出すことをブルーオーシャン戦略という（P.44 参照）。会計事務所の場合、「環境会計」や「DX」などは近年の新しい軸である。

───────────◆ **チェックポイント** ◆───────────

- 自社と競合他社を取り上げて、適切な座標軸を使ってポジショニングマップを作成してみよう。
- 3 つの戦略的対応のどれを実行しているか。成果は上がっているか。

バリューチェーン

概要

　ポーターが考案した**バリューチェーン**（value chain 価値連鎖）は、企業の様々な活動が最終的な付加価値にどのように貢献しているのか、その量的・質的な関係を分析するフレームワークである。

　ポーターは、企業の活動を「購買物流」「製造」「出荷物流」「販売・マーケティング」「サービス」という5つの主活動と「人事・労務管理」「技術開発」「調達活動」という3つの支援活動に分けて、図のような標準的なバリューチェーンを示した。

（ポーター『競争優位の戦略』）

　企業は、価値を提供するために合理的なバリューチェーンを構築するよう努める。

ポジショニングに合致したバリューチェーン

　ポジショニングビュー（P.18参照）では、他社に先駆けて業界内で有

利にポジショニングすることを重視している。魅力的なポジションには
他社が参入してくるので、優位性を持続させる取り組みが必要になる。

　ポーターは、選択したポジショニングにフィット（適合）した事業活
動システムを社内に構築することを強調している。そのカギになるのが
バリューチェーンである。ここでいうバリューは顧客から見た価値であ
り、それが企業活動のどのプロセスで発生するかを明らかにする。

　無駄な活動をなくす、競争力のある活動に集中し、競争力のない活動
はアウトソーシングする、といった対策を取る。

▌合理的なバリューチェーンの構築

　企業は、顧客に最高の価値を提供できるよう、狙ったポジショニング
に適合した合理的なバリューチェーンを設計する。そうして各活動の効
率を上げるとともに関連する活動を調整する。

　明確なポジショニングと、それに合致した合理的なバリューチェーン
を構築した成功例が、ファーストリテイリングのユニクロ事業である。

　ユニクロの基本競争戦略は、高品質低価格のカジュアルウェアを提供
するコストリーダーシップ（P.66 参照）である。圧倒的な安さを実現す
るために、少品種大量生産、大量仕入れ、海外生産、返品なし、簡易な
店舗、セミセルフ販売など、安さに直結したバリューチェーンを構築し
ている。

─────────── ◀チェックポイント▶ ───────────

・ 自社のバリューチェーンを確認してみよう。戦略を実行するために合
　理的なバリューチェーンを構築できているか。
・ 不要な活動の廃止や付加価値の低い活動のアウトソーシングなど、バ
　リューチェーンの改革を進めているか。

────────────────────────────────

VRIO

概要

VRIO は、企業が持続的に競争優位を保つために必要な経営資源の要因を評価分析するフレームワークである。

- Value（経済価値）：その経営資源は、顧客のニーズ、業界の構造、技術動向などに照らして経済的価値をもたらすか。その資源を持つことで、脅威やリスクが低減したり、機会が増大したりするか。
- Rarity（希少性）：ごく少数の企業しか所有していない希少な資源か。
- Inimitability（模倣困難性）：競合他社が真似のできない資源か。類似の資源を獲得するために、技術開発・チャネル形成・ブランド構築などで莫大なコストがかかるか。
- Organization（組織）：経営資源を活用するために、組織的な方針や手続き、命令・報告系統、マネジメントシステムなどが整っているか。

競争優位と経営資源

企業はヒト・モノ・カネ・情報といった様々な経営資源を使って活動する。経営資源や組織能力は、以下の３種類に分類することができる。
①活用されておらず、不要な資源・能力（遊休資源）
②オペレーションの維持に必要な資源・能力
③事業の競争優位をもたらす資源・能力

このうち、バーニーらの唱えるリソースベーストビュー（P.18 参照）が重視するのが、③である。

そして、図のように V → R → I → O の順序で、持続的な競争優位をもたらす経営資源なのかどうかを確認する。VRIOの４つが揃ったとき、

持続的な競争優位と経営資源が最大活用された状態が実現する。

　企業は、単に経営資源を保有するだけでなく、競争優位の源泉といえるまで高める必要がある。

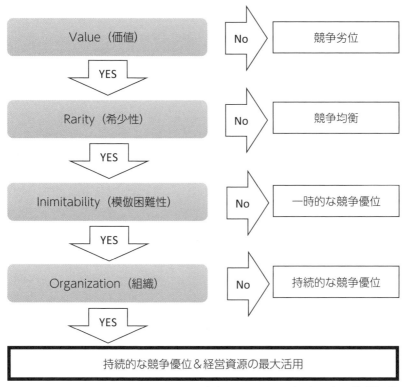

（バーニーのアイデアをもとに著者作成）

トヨタの能力構築とVRIO

　トヨタが長年にわたって競争優位を維持しているのは、トヨタ生産方式と称されるモノづくりの能力にあるといわれる。これをVRIOで確認してみよう。

　まず、トヨタ生産方式で高品質・低価格を実現させており、戦略上の

価値（Value）がある。

　欧州メーカーが高品質を、新興国メーカーが低価格を追求しているのに対し、トヨタの工場は「人とロボットの共同作業」によって高品質と低価格を両立させており、希少性（Rarity）が高い。

　トヨタ生産方式の構成要素であるカンバンなどは学者らによって研究されており、他社はある程度模倣することができる。しかし、トヨタのような生産性を実現するには、「後工程はお客様」「自働化」といった思想や部品メーカーとの連携などが必要で、模倣困難性（Inimitability）が高い。

　トヨタ生産方式は、不良・不具合に即時対応するなど、様々なマネジメントシステムから成り立っており、組織（Organization）的な対応が行われている。

▎VRIO は戦略といえるのか？

　ところで、VRIO などリソースベーストビューには「これは戦略といえるのか？」という批判がある。「優れた会社には優れた組織能力がある」というのは、「ウサイン・ボルトが世界一足が速いのは、世界一速く走る能力があるからだ」というのと同じで、トートロジー（同義語反復）だというわけだ。

　また、「経営資源を高める」というのも、口で言うほど容易ではない。オペレーションを効率化するとか、コストを下げるということはできても、それを意図的・計画的に競争優位の源泉にまで高めることができたという事例は、極めて少ない。

　藤本隆宏によると、トヨタは意図的・計画的にトヨタ生産方式を作り上げたわけではなく、戦後の資金難で十分な在庫を持つことができなかった、人材難で限られた人員を多能工化せざるを得なかった、という苦しい台所事情からやむなく始めたという。いわば「偶然の産物」であった。

　VRIO は「戦略を作る」ためのフレームワークというよりも、自社・他社の「優位性を分析する」ためのフレームワークだといえよう。

──────────**チェックポイント**──────────

- 自社の経営資源を棚おろししてみよう。自社の事業の競争優位の源泉となる経営資源は何だろうか。
- VRIO の視点から主要な経営資源を評価してみよう。また、競合他社についても同じように分析し、対抗策を考えてみよう。

アーキテクチャ論

概要

　モノづくりの競争優位性を説明するとき、製品を構成するコア部品をどのように連結するか、という基本コンセプトのことを**アーキテクチャ**と呼ぶ。そして、アーキテクチャは以下の２つに大別できる。

- **モジュラー型**（modular、**組み合わせ型**）：部品の性能やつなぎの部分（インターフェイス）の設計標準化により、既存設計部品の寄せ集めでもまともな新製品が作れるタイプの製品
- **インテグラル型**（integral、**擦り合わせ型**）：部品の性能やつなぎの部分が標準化されておらず、設計を相互に調整して最適化しないと全体として十分な機能を発揮しない製品

　PC に代表されるモジュラー型と、自動車に代表されるインテグラル型では、それぞれ必要とされる組織能力が異なる。

モノづくりとは何か

　戦後、日本のメーカーはモノづくりにこだわり、高品質の製品で世界的に高い評価を得てきた。しかし、モノづくりは何なのか、企業の競争優位とどう関係するのか、と問われると、意外に答えに窮する。

　1980 年代後半にアメリカで、日本のメーカーの成功要因を研究されるようになり、そこから生まれたのがアーキテクチャ論である。

　モノづくりというと旋盤など工具を使って加工する物理的な作業を想起するが、藤本隆宏らによると、設計情報を作り出す部分と、設計情報を素材など媒体に転写する部分とに分割できるという。

製品＝情報＋媒体

　この考え方によるとソフトウェアも、設計情報を考え、それをメモリーという媒体に転写していくので、モノづくりである。

モノづくりの能力と国の相性

　一口にモノづくりといっても、必要とされる組織の能力はモジュラー型とインテグラル型で大きく異なる。

　パソコンに代表されるモジュラー型の製品は、設計情報を作り出すのは難しいが、その情報を媒体に転写して製品を作り出す作業は容易である。まず、大きく差がつく設計段階において、斬新な設計を作り出す能力が大切だ。また、簡単な作業はできるだけ低コストですませたいので、低コストの生産力も要求される。

　パソコンでは、設計力の高いアメリカの Apple、低コストの生産力のある中国のレノボ、台湾のエイサーなどが競争力がある。

　一方、自動車に代表されるインテグラル型の製品では、設計情報を作り出すだけではモノづくりは完結しない。自動車のような 2 ～ 3 万点の特注部品を扱う場合、複雑な設計図や工程図を読み説く理解力、旋盤・塗装・切削といった基本技能、共同作業を進めるコミュニケーション能力、製造プロセスで発生する問題を分析し解決する能力、などが必要になる。

　自動車では、こうした能力を持つ日本のトヨタやホンダ、ドイツのフォルクスワーゲンなどが高い競争力がある。

　モノづくりというと万国共通というイメージがあるが、国ごとに得意・不得意の相性があるということだ。

アーキテクチャの変化

　藤本隆宏はモジュラーかインテグラルか、という軸に、クローズかオープンかという軸を加えている。クローズとは、部品から最終製品の製造まで、自社・自グループ内でモノづくりが完結している状態。オープンとは、市場を通した分業が行われている状態をいう。

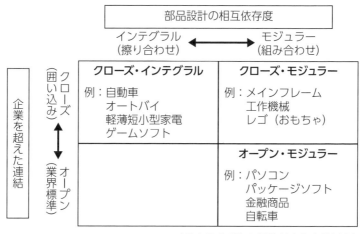

（藤本隆宏『能力構築競争』中公新書）

　新しい製品は、部品・設計・作り方などがまだ標準化されておらず、自社内で製造するので、クローズ・インテグラルである。

　しかし、生産性を上げるために、部品・設計・作り方などを標準化するように努めるので、やがてクローズ・モジュラーに移行する。

　さらに、規格化された部品なら、自社内で作るよりも、専業の部品メーカーが製造して世界中に売る方が低コスト化する。すると、最終的にオープン・モジュラーになる。

　つまり製品は、クローズ・インテグラル→クローズ・モジュラー→オープン・モジュラーという進化をたどる。日本は自動車などクローズ・インテグラルに強みがあり、パソコンや家電などオープン・モジュラーは不得手だ。

自動車産業は 100 年に 1 度の変革期

　アーキテクチャは不変ではなく、時代とともに変化し、それに伴い、国の競争力も変化する。

　1990 年以前は、パソコンや家電もまだ完全にオープン・モジュラー化していなかったので、日本のメーカーは強かった。しかし 90 年以降、オープン・モジュラー化し、新興国企業がグローバル市場に参入すると、たちまち競争力を失った。

　その点、自動車は、1908 年に T 型フォードが発売され、ガソリンを使った内燃機関という基本的なアーキテクチャが定まり、以後、クローズ・インテグラルであることは変わっていない。日本の得意なタイプのモノづくりで、規模だけ大きくなったということで、日本にとってまたとない絶好の産業であった。

　ただ、近い将来、電気自動車が普及すると、この構図が激変するかもしれない。電気自動車は部品点数が少なく、心臓部であるエンジンがモーターに置き換わるのでオープン・モジュラー化し、モノづくりが一気に簡素化するだろう。すると、パソコンや家電と同じように、日本の自動車メーカーは競争力を失ってしまうかもしれない。

　自動車産業はよく「100 年に 1 度の大変革期にある」と言われるが、これは以上のような変化である。この激変にトヨタなどがどう立ち向かうのか、注目されるところだ。

チェックポイント

- 自社の主力製品のアーキテクチャは、インテグラル型か、モジュラー型か。それぞれのタイプに必要な能力を備えているか。
- 今後、自社の主力製品のアーキテクチャはどう変化するか。変化にどう対応するべきか。

ビジネスモデル

概要

　ビジネスの基本的な仕組みのことを**ビジネスモデル**（business model または business method）と呼ぶ。

　國領二郎は、経済活動における「4つの課題に対するビジネスの設計思想」と定義している。

①誰に、どのような価値を提供するか

②その価値をどのように提供するか

③提供するにあたって必要な経営資源をいかなる誘因のもとに集めるか

④提供した価値に対してどのような収益モデルで対価を得るか

　企業は、他社にない特徴あるビジネスモデルを構築することで、競争優位性を構築・維持することができる。

ビジネスモデルの競争へ

　伝統的な競争戦略論では、ある業界の中で競合と低コストを競うか（コストリーダーシップ）、品質など差別性を競うか（差別化）というのが基本であった（P.66参照）。

　しかし、多くの業界で市場・技術が成熟化すると、低コストや差別性で競合を圧倒するのは難しくなってくる。その八方塞がりを打破する手段として注目を集めるようになったのが、ビジネスモデルである。

　1990年代にパソコンは低価格の新興国メーカーと高品質の日米メーカーが入り乱れ、レッドオーシャン化しつつあった。この状況でデルが顧客とのダイレクトな関係を築く直販スタイル（ダイレクトモデル）で躍進し、ビジネスモデルの競争が重要視されるようになった。

　また、1995 年に創業した Amazon は、書籍販売という成熟市場で
スタートし、プラットフォーム型のビジネスモデルを色々な製品分野に
拡張し、今日まで爆発的な成長を続けている。Amazon の成功で、プラッ
トフォーム型のビジネスモデルが一躍有名になった。

　なお、デルのように IT を使ったビジネスの仕組みでビジネスモデル
特許が取得できるということで、ビジネスモデルの人気が沸騰した。た
だ、ビジネスモデルは、特許を取得するかどうか、あるいは IT を使う
かどうかとは、必ずしも関係はない。

ウーバーイーツのビジネスモデル

　新型コロナウイルスの自粛生活ですっかりお馴染みになったウーバー
イーツ。ユーザー（注文者）とレストランパートナー、配達パートナー
をつなぐ「市場プラットフォーム」といわれる特徴的なビジネスモデル
である。

　ユーザーはまず携帯アプリをダウンロードする。食べたいメニューの
あるレストランを探し、注文する。注文を受けると、ウーバーイーツか
らレストランに料理の依頼が行き、レストランは注文を受ける。同時に、

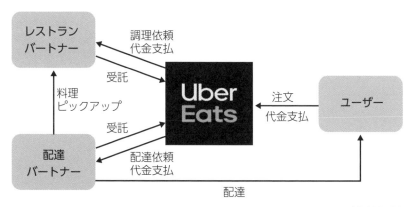

（著者作成）

配達パートナーに配達依頼が行き、配達可能なパートナーが依頼を受け、ユーザーの元へ届ける。

ユーザーにとっては、様々なレストランの料理を一括して検索できる他、宅配に対応していない店舗の料理も注文できることがメリットである。一方、レストラン側は顧客開拓と配達人員コストが削減でき、配達パートナー側には好きな時間に働けるというメリットがある。

ユーザーは、配達手数料と店内飲食よりも高い料理代金をウーバーイーツに支払い、レストランには調理代金、配達パートナーには配達代金を支払うというものである。ウーバーイーツの収益は、注文手数料と配達パートナーから得るサービス手数料で成り立っている。

ウーバーイーツがここまで成功したのは、もちろん、新型コロナウイルスによる自粛生活が追い風になった点が大きい。ただ、ネットワークの外部性(P.72 参照)によって先行優位性を発揮したことも見逃せない。

┃ ビジネスモデル構築の留意点

日本企業は経営資源・組織能力で優位に立ちながら、アメリカ企業にビジネスモデルの違いで劣勢に立たされていることが多い。優位性のある特徴的なビジネスモデルを構築するには、どうすればよいだろうか。いくつか注意点がある。

第1に、ビジネスモデルを検討する順序が大切だ。國領二郎の定義の通り、まず「①誰に、どのような価値を提供するか」を決めて、次いでIoT・AIといった技術を使って、「②その価値をどのように提供するか」を検討する。

よく起業家は、AI など新しい技術に着目し、「AI を使ってどういうビジネスができるだろうか」と考える。しかし、これは本末転倒で、まず①を考えるべきだ。2002 年の IT バブル崩壊で「IT ありき」の新ビジネスが次々と行き詰まったことを教訓にする必要がある。

　第 2 に、いかに対価を得るか（③）を工夫する。せっかく斬新な技術を活用していても対価を得る仕組みが構築できず、収益的に行き詰まるというケースがよくある。

　第 3 に、優位性をいかに維持するかを考える必要がある。革新的なビジネスモデルで優位性を構築しても、すぐに模倣者が現れて、成功が一時的なものに終わってしまうというケースが多い。競争優位を長期にわたって持続するには、特許・低価格化・法規制といった参入障壁を築くことが望ましい。

　ただ、ビジネスモデル特許を取って障壁を作れば一安心と考えるわけにもいかない。Amazon がリコメンド機能やプライム会員などのサービスを次々と進化させたように、特許などで作った障壁を守ろうとするよりも、ビジネスモデルを改善し進化させていく方が、優位性が持続する可能性が高い。

チェックポイント

- 類似商品を扱っている他社と比較して、自社のビジネスモデルは明確な特徴を持っているか。また、その特徴は他社にとって模倣しにくいか。
- 新商品・新事業について、ビジネスモデルを構想してみよう。

バリューネット

概要

　B. ネイルバフが考案した**バリューネット**(value net 価値相関図)は、業界内外のプレイヤーと協調する戦略を考えるフレームワークである。

　バリューネットでは、企業から見て顧客サイドについて、競合企業と補完的生産者を次のように定義する。

- 利害関係者の製品を顧客が所有したときに、顧客にとっての自社製品の価値が増加する場合、その利害関係者を補完的生産者と呼ぶ。
- 利害関係者の製品を顧客が所有したときに、顧客にとっての自社製品の価値が下落する場合、その利害関係者を競合企業と呼ぶ。

　以上と同じことが供給者サイドについても当てはまる。

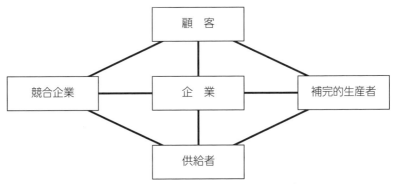

(ネイルバフ『コーペティション経営』日本経済新聞出版／共著)

補完的生産者と競合企業

　1990 年代以降の規制緩和や技術の複雑化で業種・業界の垣根が崩れて、近年は色々なタイプのプレイヤーが入り乱れて戦う " 異種格闘技戦 "

の様相を呈するようになっている。こうした状況では、バリューネットを使い、同業者だけでなく競合・補完の関係を広く捉えるのが有効だ。

半導体メモリの DRAM を例に取ると、韓国のサムスン電子が圧倒的なリーダー、日本のマイクロンメモリジャパンはニッチャーである。CPU を製造するインテルにとって、顧客の PC メーカーがマイクロンから DRAM を買うと、サムスン電子の価格支配力が低下し、DRAM の価格が下がり、PC の価格が下がり、PC の需要が増え、インテルの利益が増える。この場合、インテルにとってマイクロンは補完的生産者である。

逆に、PC メーカーがサムスン電子から DRAM を買うと、サムスン電子の価格支配力が増し、DRAM の価格が上がり、PC の価格が上がり、PC の需要が減り、インテルの利益が減る。この場合、インテルにとってサムスン電子は競合企業である。

▌協調の戦略

バリューネットを使ったゲーム理論に基づく戦略は、「補完的生産者（仲間）と協力して競合企業（敵）に立ち向かう」というものである。

インテルは 2003 年、競合企業のサムスン電子の力を削いで DRAM を競争的な状態にすることを狙って、補完的生産者のマイクロン（当時は前身のエルピーダメモリ）に 1 億ドル出資した。

───────── チェックポイント ─────────

- バリューネットを使って、顧客サイド・供給者サイドの両面から競合企業と補完的生産者を明らかにせよ。
- 自社の価値を高めるために、補完的生産者とうまく協調できているかどうか確認してみよう。

第4章
イノベーション

これまでにない新しいことをイノベーション（革新）という。かつての必勝法だった「よりよいものをより安く」は通用せず、現代の日本企業はイノベーションの創造が求められている。この章では、イノベーションの代表的なセオリー・技法を検討する。

プロダクトイ・ノベーションとプロセス・イノベーション

概要

これまでにない革新的な事柄を**イノベーション**（innovation 革新）という。

新しい製品であるプロダクト・イノベーションと、新しい作り方などのプロセス・イノベーションが、最も代表的な区分である。

シュムペーターの5つのイノベーション

イノベーションとは、これまでにない新規な事柄を意味する。イノベーションが経済の発展に与える影響を最初に指摘したのが、経済学者 J. シュムペーターである。

シュムペーターはイノベーションの本質を「新結合の遂行」としており、次の5つを示した。清涼飲料を例に見てみよう。

①消費者の間でまだ知られていない財貨や新しい品質の財貨の生産

ここでいう財貨とは、製品とサービスを意味する。コカ・コーラのような炭酸類か果汁系飲料が大半だった清涼飲料業界で、1968年、世界初のスポーツドリンク「ゲータレード」が商品化された。ただし、こうしたまったく新規なものだけでなく、従来は家庭で飲まれていたお茶を商品化したこともまた、イノベーションである。

②新しい生産方法の導入

サントリー食品のお茶「伊右衛門」は、非加熱無菌充填という新しい生産方法によって、急須で入れたお茶に近い味わいを実現し、差別化に成功している。

③新しい販路・市場の開拓

　キリンビバレッジ・アサヒ飲料・サントリー食品などの国内大手企業
は、国内市場の成熟化に対応し、2000 年以降中国などアジア市場の開
拓を加速している。

④原料あるいは半製品の新しい供給源の獲得

　かつて清涼飲料は、缶や瓶で提供されていたが、日本では 1982 年以
降、ペットボトルが清涼飲料の容器として普及した。ペットボトルとい
う部品によって製品の付加価値が高まった事例といえる。

⑤独占的地位の形成あるいは独占の打破（新しい組織の実現）

　コカ・コーラが 1886 年に発売されて以降、ほぼ独占市場だったコー
ラ市場に、ペプシコーラが 1894 年に参入する（ペプシコーラの名称は
98 年から）。砂糖相場が乱高下した 1922 年にいったん倒産するが再生、
1940 年のラジオ CM の空前のヒットをきっかけに急成長し、コカ・コー
ラの独占を打破することができた。

　イノベーションを「技術革新」と訳すことがあるが、このような技術
的な領域とは限らない。

▌プロダクト・イノベーションとプロセス・イノベーション

　シュンペーターの分類と関連して、イノベーションをプロダクト・イ
ノベーションとプロセス・イノベーションに大別することがよくある。

　プロダクト・イノベーションとは、これまで存在しない新しい製品あ
るいはサービスの市場への投入である。新しい製品あるいはサービスに
は、機能・性能・設計・原材料・構成要素・用途を新しくしたものだけ
ではなく、既存の技術を組み合わせたものや既存の製品あるいはサービ
スを技術的に高度化したものも含まれる。シュンペーターの分類では①
がこれに該当する。

　プロセス・イノベーションとは、既存の製品の生産工程や生産技術を

改良したり，新工程を導入したりすることで，製造コストの低減や品質・性能の改善を実現することである。シュムペーターの分類では、狭義には②が、広義には②から⑤がこれに該当する。

┃ イノベーションと市場形成

　新しい製品・サービスが生まれ、市場を形成するには、プロダクト・イノベーションとプロセス・イノベーション両方が必要である。まず、プロダクト・イノベーションが生まれ、それにプロセス・イノベーションが伴い、製品が量産され、低価格化し、市場が開花する。

　W. アバナシーによると、この過程を流動期、移行期、固定期という3段階に分けることができるという。図のようにプロダクト・イノベーションの発生率は登場初期が最も高く、移行期→固定期へと右下がりに低下していく。

　しかし、プロセス・イノベーションの発生率は、登場初期から徐々に上昇し、移行期において頂点に達する。固定期には、イノベーションの

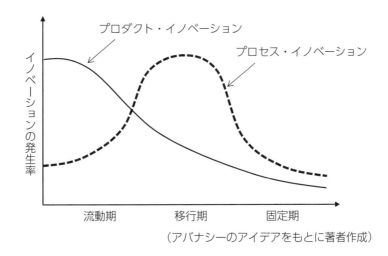

（アバナシーのアイデアをもとに著者作成）

余地が狭まっていく。

　各期の留意点は次の通りである。

①**流動期**：たくさんの製品アイデアが生まれ、どれが主役の座を掴むのかわからない。既存製品と差別化されたプロダクト・イノベーションを生み出すことが重要だ。

②**移行期**：市場での普及が進み、特定の製品アイデアが顧客の支持を集めるようになる。ある製品領域で主流となる標準化・固定化された製品デザインのことを**ドミナント・デザイン**という。この段階では、製品を標準化し、プロセス・イノベーションを促進し、低価格化する必要がある。

③**固定期**：勝ち残ったドミナント・デザインが市場を支配する。この段階では規格化された商品であるコモディティに近づく、コモディティ化が進行し、一段と低価格化が進む。

───────── チェックポイント ─────────

・自社の主要なイノベーションをシュムペーターの分類に従って確認せよ。

・自社の製品・サービス（既存・新規）は流動期・移行期・固定期のどれに該当するか。各期に応じた適切な対応ができているか。

スラック革新とディストレス革新

概要

イノベーションが生まれる状況には、大きく2つある。

- スラック革新（slack innovation）：経営資源の余裕を生かして生まれるイノベーション
- ディストレス革新（distress innovation あるいは問題志向的革新 problem-oriented innovation）：経営が切迫した状況で生まれるイノベーション

イノベーションが生まれるかどうかは不確実で、イノベーションの本質はリスクテイクである。かなり余裕のある状況か、切羽詰まった状況で企業家は大胆にリスクテイクをする。

イノベーションが生まれる状況

企業がイノベーションの創造に取り組むのはどういう状況に置かれたときか。大きく2つの考え方がある。

ひとつは、スラック革新である。企業は経営資源に余裕（スラック）があるとき、それを生かして革新を生み出すという考え方だ。

トヨタがカローラなどの大衆車で磨いた技術、獲得した資金を生かして、高級車レクサスやHV車を開発するという具合だ。3Mがプラットフォームと呼ばれる技術の蓄積をベースにポストイットなどのイノベーションを生み出しているのも、これに当てはまる。

もうひとつは、ディストレス革新である。これは、スラック革新とは正反対に、生存すら危ぶまれるような切迫した状況で革新が生まれるという考え方だ。

　1976 年代にヤマト運輸が始めた宅急便は、ディストレス革新の代表例である。当時のヤマト運輸は、家電の生産地・大阪と大消費地・東京をつなぐ路線トラック事業と、当時小売業で日本一の売上高を誇った三越百貨店のお中元・お歳暮の配送が、2 大事業であった。1970 年代、路線トラック事業の競争が激化、さらに三越の配送が三越の乱脈経営の影響で赤字になった。いよいよ追い込まれたこの状況で、小倉昌男社長（当時）が勝負を挑んだのが宅急便であった。

イノベーションとリスクテイク

　シュムペーターによるとイノベーションは企業家による「新結合の遂行」であり、同じことを繰り返す日常のマネジメントと違って、リスクが伴う。ここでいうリスクとは収益の不確実性で、「儲かるか損するかわからない状態」である。イノベーションの本質はリスクテイクなのだ。
　では、**リスク**を取るのはどういう状況だろうか。図の通り、スラック＝少しくらい損をしても痛くも痒くもないか、ディストレス＝一か八かに賭けるしかない、という両極端な状況で企業家はリスクテイクし、イノベーションが生まれる。

（著者作成）

シュムペーターは、企業規模が大きく市場占有率の高い企業ほどイノベーションを活発に行う、とする仮説を提示している。スラック革新は**シュムペーター仮説**とも呼ばれ、組織論でも、古くから組織を発展させる契機としてスラックの重要性が強調されてきた。

　しかし、余裕綽々の大企業がイノベーションの主役だというのは、最近の経済の実態に合っていないように思われる。世界のITを主導しているのは、IBMのような伝統的な大企業ではなく、GAFAなどのスタートアップである。今でこそGAFAは経営資源が豊富だが、最初は経営資源が乏しい個人起業家による大胆なリスクテイクであった。

　以前の工業社会では大規模な生産設備が必要だったので、資本力のある大企業が圧倒的に有利だった。しかし、軽薄短小化やIT化が進むと、事業に大きな資本が必要なくなり、小規模企業やアントレプレナーでも不利が小さくなった。これが、近年ディストレス革新が増えてきた理由である。

日本のイノベーション停滞の理由

　では、日本企業はどうだろうか。かつて画期的な工業製品で世界を席巻した日本企業だが、イノベーションの停滞が指摘されて久しい。

　日本企業でイノベーションが生まれないのは、スラック革新もディストレス革新もどちらも当てはまらない状況にあるからだといえよう。前頁の図では真ん中あたりである。

　今日の日本企業は、バブル崩壊後の低迷、とくにこの1990年代後半以降はデフレが深刻化し、余裕を失っている。リストラで身を縮めるのに懸命で、新しいことに挑戦する雰囲気ではない。

　では、破れかぶれに起死回生を狙うほど困っているかというと、そうでもない。過去の蓄積があるので、リストラで何とか企業を維持できる。こうした、余裕もないが切迫もしていない、中途半端な状況でリスクテ

イクに躊躇する状況が延々と続いているのが、日本企業の大きな問題であろう。

こうした状況を打破するには、既存の大企業は社内ベンチャー制度を導入するなど、ディストレスな状況を生み出す組織運営の工夫が求められる。

また、社会レベルでは、開業率の低下が大きな問題になっており、起業家を増やすことが大きな課題だ。起業家が失敗しても再起できるように破産法制を変えるなど、リスクテイクを促す法制度や商習慣の改革を進める必要がある。

チェックポイント

- 自社ではイノベーションが生まれているか。生まれているなら、slack の状況か、distress の状況か。
- 今後自社は slack の状況になるか、distress の状況になるか。そこでどうイノベーションに取り組むべきか。

イノベーションのジレンマ

概要

C. クリステンセンはイノベーションを2種類に分類した。
- **持続的技術**：従来の枠組みの中で漸進的に発達する主流の技術
- **破壊的技術**：従来の枠組みと異なる、低価格で不完全な技術

　持続的技術が高度化すると、低価格で技術を利用したいというローエンドのニーズが生まれ、それを狙って破壊的技術が参入する。破壊的技術はニーズを捉え、技術を高度化させ、やがて持続的技術を凌駕するようになる。こうした主役交代によって産業が発達する。

漸進的イノベーションと抜本的イノベーション

　イノベーションを漸進的イノベーションと抜本的イノベーションとに分類することがある。

　漸進的イノベーションとは、その製品分野や事業分野で確立された支配的な枠組みの中で、枠組みを維持・改善する形で少しずつ進化していくタイプの小粒なイノベーションである。たとえば蒸気船において、エンジンを改良して、速度・燃費・環境負荷などを徐々に向上させていくような場合だ。

　一方、**抜本的イノベーション**とは、既存の枠組みからはみ出し、既存の枠組みを否定するようなイノベーションである。たとえば船舶において、18世紀終わりに、帆船に代わって蒸気船が生まれたのは、抜本的なイノベーションである。抜本的なイノベーションが世の中を大きく変える。

　抜本的イノベーションと聞くと、iPS細胞のような画期的な発明であ

るとか、従来型の携帯に対するスマートフォンのような高機能製品のことが頭に浮かぶだろう。従来の製品を上回る高機能を売り物にする抜本的イノベーションが、世の中を一変させた事例は多いのだ。

不完全な破壊的技術が世の中を変える

　一方、意外と多いのが、既存の製品と比べて低機能で、製品としては不完全なイノベーションである。クリステンセンは『イノベーションのジレンマ』（翔泳社）で、従来の価値基準の下では従来製品よりも性能を低下させてしまうが、新しい異なる価値基準の下ではいくつかの優れた特長を持つ新しい技術のことを、破壊的技術と呼んだ。

　クリステンセンによると、最初はあまり注目されなかった破壊的技術が普及し、やがて持続的技術を駆逐し、主役が交代することがあるという。

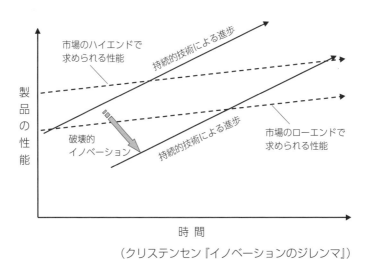

（クリステンセン『イノベーションのジレンマ』）

　同書で多くの事例が紹介されているが、ここではそれ以外を2例を紹介しよう。

- 1950 年代にゼロックスが普通紙コピー技術で市場を支配したのに対し、キヤノンはカートリッジ式の小型コピー機で市場に参入した。約 500 の特許で普通紙コピー技術をプロテクトしていたゼロックスはキヤノンの技術を軽視したが、やがて技術を上げたキヤノンがゼロックスを駆逐した。
- 1980 年代まで出版物の印刷では、熟練の職工が組版をするのが一般的だった。そこに 1990 年代、パソコンでデータを作成し、印刷する DTP（Desk Top Publishing）が登場した。初期の DTP の印刷は質が悪かったが、低価格で手軽なことから中小企業など一部で人気を得た。やがてパソコンの技術が上がり、職工による組版は消滅した。

破壊的技術への対応

　持続的技術を扱う大企業は、破壊的技術に対応しなければならない。しかし大企業では、既存の顧客や短期的利益を求める株主の意向を優先する必要があること、イノベーションの初期段階では市場規模が小さく、大企業にとっては参入する価値がないように見えることなどから、迅速・的確な対応を取ることができない。一方で破壊的技術が市場に定着し技術レベルを上げて、やがて既存の大企業を凌駕するようになる。

　持続的技術を担う大企業は、顧客の声を無視するなど怠惰な経営をして失敗するのではない。顧客の声に真摯に耳を傾け、より高性能・高品質の製品を追求する結果、ローエンドのニーズが生まれ、破壊的技術の参入を招く。つまり、"良い経営"をするがために失敗するのであり、この大企業にとって悩ましい状況をクリステンセンは「ジレンマ」と呼んだ。

　破壊的技術を生み出す方法については「リニアモデル・連鎖モデル・仮説検証モデル」（次節参照）で考察するとして、ここでは破壊的技術に対応する方法を検討しよう。

　クリステンセンは、次作『イノベーションへの解』（翔泳社）の中で、以下の4段階の行動を提唱している。

①既存組織から離れた小規模の独立組織に任せる

②破壊に責任を持つ上級役員を選び、任せる

③新技術が必要になる前になるべく早く行動を開始する

④部隊を訓練して破壊的アイデアを発見させ、開発に集中させる

　ただ、こられが破壊的技術に対抗する「解」になっているかどうかは、はなはだ疑問だ。クリステンセン自身が第1作『イノベーションのジレンマ』で示した通り、こうした対応を取れずに没落した企業ばかりが目立つ。①から④の対応は、破壊的技術の脅威を明確に認識したときに初めて取る戦略で、脅威を認識するのは本質的に難しいのだ。

　むしろ、破壊的技術で攻めてくるライバルの影響が明らかになったところで、M&A（P.50参照）や戦略提携などによって取り込む戦略の方が効果的ではないだろうか。アメリカではマイクロソフト、日本ではソフトバンクなどが、で破壊的技術による参入者をM&A自社陣営に引き入れて無力化するというやり方で優位性を維持している。

チェックポイント

- 自社の所属している業界において、持続的技術は何か。潜在的な破壊的技術は何か。
- 自社が持続的技術を展開する大企業なら、破壊的技術の参入にどう対処するべきか。

リニアモデル・連鎖モデル・
仮説検証モデル

概要

イノベーションの創出には以下のようなモデル（プロセス）がある。

・リニアモデル：科学技術知識を起点に、研究→開発→設計→製造→販売、という直線的に進める。

・連鎖モデル：市場発見を起点に、様々な部門が連鎖的に関わる。

・仮説検証モデル：仮説を作り、市場で実験して検証する。

リニアモデル

1960年代、大量生産型の工業社会が成熟化すると、先進国の企業には、イノベーションの創出が求められるようになった。

イノベーションの創造について当時から支配的だったのは、科学技術知識を出発点に、直線的にイノベーションを創造するリニアモデル（linear model）である。いわゆる**技術プッシュ**だ。

図のように、まず「研究」を行い、そこで生まれた科学技術知識を応用して新製品開発につなげ、最終的に市場に出すという、「研究」→「開発」→「設計」→「製造」→「販売」という流れである。

かつてソニーには、創業者・盛田昭夫による "Research makes difference."（研究が違いを生む）というスローガンがあったように、リニアモデルは、当時から今日に至るまで、イノベーション創出の支配的な考え方である。

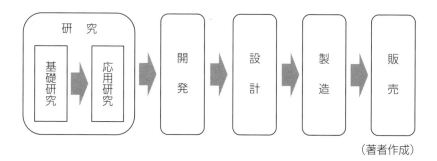

（著者作成）

┃連鎖モデル

1980 年代半ば、アメリカではリニアモデルの限界が議論されるようになった。S. クラインは 1985 年、イノベーションの出発点は「市場発見」であるとする連鎖モデル（chain-linked model　別名クラインモデル）を発表した。いわゆる**市場プル**である。

クラインは、科学知識を蓄積するプロセスとイノベーション創出のプロセスは別物であり、イノベーションの出発点は、市場発見（market finding)にあると考えた。「ニーズ」→「発明および分析的デザイン」→「詳細設計と試作」→「再設計と生産」→「市場での販売」というプロセスが、フィードバックを繰り返しながら連鎖的に関連し、図のような科学技術知識の生成プロセスと密接に連携するというものである。

クラインは、日本の製造業の観察から連鎖モデルを考案したと言われる。日本だけでなく、アメリカでも、近年、連鎖モデルの考え方を取り入れる企業が増えている。たとえば、GE の本社研究センターではリニアモデルからの脱却を唱え、研究開発に入る前に、マーケティング、開発、ビジネス、マネジメントなど、関係するすべての部門が十分話し合うラウンドテーブル方式に切り替えた。

仮説検証モデル

近年、連鎖モデルの発展形として注目されるのが、「市場での実験」を起点とする仮説検証モデルである。

このモデルは、顧客・市場を分析するだけではなく、試作品を使って市場で実験を行い、そこから得られる情報・知識を基に製品開発を行うというものである。1度きりの実験ではなく、仮説の形成と検証を繰り返すことが想定されている。

たとえばセブン‐イレブンのコーヒーは、1980年代前半にサイフォン式で作り置きしたコーヒーを小分け販売したことに始まる。しかし、作り置きでは鮮度が落ちるため、1988年にドリップ式を導入する。これで「コンビニでコーヒー」がかなり定着したが、店内に焦げた匂いが充満するという問題があり、1990年頃からカートリッジ式に変更した。このカートリッジ式の味の問題を克服するため、2002年からセルフ方式でエスプレッソを提供する「バリスターズカフェ」を導入する。しかし、ペーパー式のライトなコーヒーの方が日本人の味覚に合うと判断し、2013年からセブンカフェを導入するに至った。このように、セブンカフェは5回にもわたる仮説検証から生まれたのである。

モデルの選択

亀岡秋男は、リニアモデルを第1世代、連鎖モデルを第2世代、仮説検証モデルを第3世代、さらに顧客との交流を通してイノベーションを創出するインタラクティブモデルを第4世代と整理している。

このように学問の世界では「リニアモデルはもう古い！」というのが定説になりつつあるのだが、実態としては、市場プルにも技術プッシュにも成功事例があり、優劣を付け難い。

たとえば、同じ日本の医薬品業界でも、消費者のニーズを鋭く捉えて

ヒットを飛ばす小林製薬やエーザイのように市場プルで成功している企業もあれば、武田薬品工業やアステラス製薬のように、大規模な中央研究所を持ち、技術プッシュで成功している企業もある。新薬の治験では、仮説検証モデルの考え方が活用されている。

　数字上の成功確率は、クラインが主張するように技術プッシュよりも市場プルの方が高いだろう。実際にニーズが世の中に存在するわけだから、市場プルで生まれたイノベーションが市場に拒否されるという事態は少ないからだ。仮説検証モデルも同じように確率が高い。一方、技術プッシュで生まれたイノベーションは、市場ニーズに合致せず、市場に受け入れられない可能性があり、確率は低い。

　しかし、市場ニーズというのは、すでにこの世に存在するものだから、まだ存在せず、これから広がる未来のニーズを捉えるのは難しい。iPS細胞のような世の中を一変させる抜本的イノベーションは、市場プルや仮説検証モデルでは生まれず、技術プッシュによって生まれる。

　つまり、技術プッシュ、市場プル、仮説検証モデルのどれが優れているか、という話ではなく、どういうタイプのイノベーションを目指すのかによって使い分けるべきだろう。小さくても確実に成功を積み上げていくようなイノベーションを目指すなら、市場プルや仮説検証モデルが有効だ。一方、成功確率は低くても、一発逆転的な抜本的なイノベーションを目指すなら技術プッシュが適している。

───────────── チェックポイント ─────────────

- 自社の過去のイノベーションは、リニアモデル・連鎖モデル・仮説検証モデルのどれで生まれたか。
- 今後、どのようなイノベーションを目指すか。目指すイノベーションに合致するのは、どのモデルか。

SECI

概要

　SECI は野中郁次郎が考案した知識創造の代表的なモデルである。知識には文章・図表・数式などで表現できない暗黙知（アナログ）と表現できる形式知（デジタル）がある。

　野中によると、以下のプロセスで暗黙知と形式知を個人・集団・組織の間で相互に絶え間なく変換・移転することによって新たな知識が創造される。

①共同化（Socialization）：共体験などによって、暗黙知を獲得・伝達する

②表出化（Externalization）：得られた暗黙知を共有できるよう形式知に変換する

③連結化（Combination）：形式知同士を組み合わせて新たな形式知を創造する

④内面化（Internalization）：利用可能となった形式知を基に、個人が実践を行い、その知識を体得する

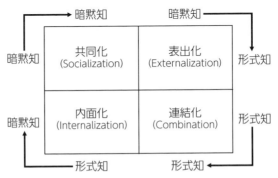

（野中郁次郎・竹内弘高『知識創造企業』東洋経済新報社）

SECI によるナレッジマネジメントの推進

SECI の考え方で、従業員が個人的に持つ知識・ノウハウを組織的に共有・管理することを**ナレッジマネジメント**という。

エーザイでは hhc（human health care）活動としてナレッジマネジメントを推進し、特に共同化（Socialization）を重視。社員には就業時間の 1％を患者と共に過ごすことを推奨している。この活動を通じて得た体験やノウハウなどを、個人レベルではなく組織で共有する。

また、患者に大きな貢献をした優秀な活動を認知・表彰するため、年1 回「hhc イニシアティブ」を開催。このイベントには社内の各部門の代表メンバーが世界中から参加し、お互いのベストプラクティスを発表し合い、その過程で創造された「知」を学び、共有する機会としている。

ナレッジマネジメントを機能させるには？

多くの企業では、IT ベンダー主導でナレッジマネジメント・システムを導入したものの、利用が進まず、情報共有すらうまくいかないようだ。

これを成功させるには、以下のような点に注意するとよいだろう。

①経営者が全社方針を打ち出し、従業員の意識を方向づける。

②情報システム、入力・閲覧しやすい、簡素なものにする。

③活動成果をレビューし、人事評価に反映させる。

④発表会や表彰などを行い、従業員を動機づける。

──────── **チェックポイント** ────────

・ 自社では、SECI モデルが機能しているか。

・ ナレッジマネジメントの共有と、知識創造が起こりやすい合理的なマネジメントが行われているか。

両利きの経営

概要

　両利きの経営（Ambidexterity）は、C. オライリーらが同名書で提唱したイノベーション創造の理論である。オライリーらによると、イノベーションの創造には、知の深化（Exploitation）と知の探索（Exploration）という2つの行為があるという。

- 知の深化：自社の持つ一定分野の知を継続して深掘りし、磨き込んでいく行為
- 知の探索：自社の既存の認知の範囲を超えて、遠くに認知を広げていこうという行為

知の深化と探索

　すでにある強みを発揮できる知の深化に傾倒する状態をサクセストラップ、あるいはコンピテンシートラップという。

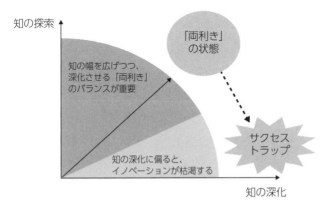

知の探索

「両利き」の状態

知の幅を広げつつ、深化させる「両利き」のバランスが重要

知の深化に偏ると、イノベーションが枯渇する

サクセストラップ

知の深化

（オライリー『両利きの経営』東洋経済新報社）

　画期的なイノベーションを生み出して持続的に発展している企業は、知の深化と探索の両方を高度にバランスさせている。

　その典型例として同書で取り上げられているのが、Amazon だ。1994 年に創業した同社は、新刊書籍のネット販売において、紹介機能や即時配送などサービスを洗練させていった（深化）。さらに、書籍以外の様々な商品にネット販売を広げるとともに、ネット販売にとどまらず動画配信やクラウドサービスなども手掛けている（探索）。

経営者のリーダーシップ

　オライリーらは、以下のような両利きの経営のポイントを指摘している。
①深化と探索に明確な戦略を持つ。
②経営層が積極的な関与をする、とくに探索を理解し、支援する。
③探索には既存事業の資産を活かす。
④ただし、深化と探索は距離を置き、対立を避けるようにする。たとえば、評価指標を分けたり、物理的にオフィスを遠ざける。
⑤共通のアイデンティティを持たせる。ビジョンや価値基準などの企業文化に配慮する。

　これは経営者が取り組むべきことであり、両利きの経営では経営者のリーダーシップがカギを握るといえよう。

━━━━━━━━━━━━ チェックポイント ━━━━━━━━━━━━

- 自社は、知の深化と探索を実行し、イノベーションの創造に成功しているだろうか。成功していないなら、どちらが足りないのだろうか。
- 経営者は、両利きの経営を意識して的確なリーダーシップを発揮できているだろうか。

第5章
マーケティング

市場の変化に対応し、顧客満足を創造する活動のことをマーケティングという。モノが売れない時代になり、マーケティングの高度化が必要になっている。この章では、STP や 4P など、マーケティングのプロセスとセオリーを検討する。

STP

概要

　企業は、売上高・利益を増やすために、市場のあらゆるニーズに対応しようとすることがある。しかし、経営資源の制約からそれは困難だし、現代の市場は多様化しており、市場のすべてを対象にした画一的な対応では顧客の支持を得られない。

　以下の **STP** の順で顧客を選ぶ。

① Segmentation：市場分析し、適切な軸を使って市場を細分化する

② Targeting：標的となる顧客層のセグメントを設定する

③ Positioning：ターゲットに選んだセグメントにおいて市場地位を獲得するための位置取りをする

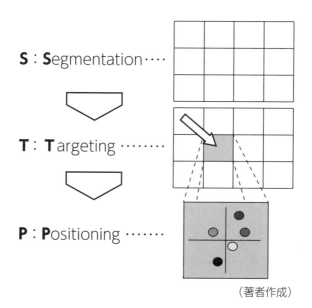

（著者作成）

Segmentation セグメンテーション

まず、以下のような基準を使って市場を細分化する。

・**地理的基準**：地域や人口密度、気候など

・**人口統計的基準**：年齢、性別、職業、学歴、所得、宗教、出身地など

・**心理的基準**：ライフスタイル、パーソナリティ（性格・趣味趣向）など、人口統計的基準では計れない消費者の心理

・**行動変数基準**：購買頻度、ベネフィット、使用率、ロイヤリティなど、消費者の製品に対する知識や態度、反応

たとえば、清涼飲料水・レッドブルのマーケティングでは、市場を年齢やベネフィットの軸で細分化した。

なお、コトラーによると、市場細分化が有効であるためには、以下の要件を満たす必要がある。

①**測定可能性**：細分化された市場の規模や顧客の反応が測定可能であること

②**到達可能性**：細分化された市場の顧客に十分に接近し、商品を届けることが可能であること

③**利益可能性**：細分化された市場において、利益を確保することが可能であること

④**実行可能性**：細分化された市場において、マーケティング戦略が機能し、販売戦術が実行可能であること

Targeting ターゲティング

セグメンテーションによって細分化された複数のセグメントのうち、どの市場をターゲットとするのかを決める。ここでは、3つのアプローチがある。

①**無差別マーケティング**：細分化された複数の市場を単一の同質的なも

のと見なし、単一の商品を提供する

②分化型マーケティング：各セグメントに、異なる商品を提供する

③集中マーケティング：小規模な市場に絞り込み、特定の顧客に働きかける

レッドブルは、「若者、エナジードリンク」をターゲットに選び、集中マーケティングを取った（小規模ではないが）。

▍Positioning ポジショニング

ターゲットとした市場における自社の商品の立ち位置を明らかにし、差別化すべきポイントを見つけ出す。企業は売上高・顧客数を増やすために、幅広いターゲットに商品展開しようとすることがあるが、それではコンセプトがぼやけてしまう。できるだけ、他社と異なるコンセプトを打ち出すようにするとよい。

レッドブルは「ゼロをプラスにし、力を発揮したいときに飲むもの」、つまり健康な若い人がよりエネルギッシュになるという立ち位置で、「マイナスをゼロとする」という立ち位置の他の疲労回復飲料との差別化を実現した。

なお、他社の商品との違いを検討するには、ポジショニングマップ（P.78参照）で図示するとよい。

▍フェルミ推定

STPで最も問題になるのが測定可能性＝市場規模である。とくに大手企業の場合、ある程度の市場規模が見込めるセグメントでないと、ターゲットにするわけにはいかない。

自動車産業のように新車登録台数が1台単位で把握できる業界もあるが、新規の市場ほど業界団体にも統計データはなく、何らかの方法で推

計するしかない。この推計に有効なのがフェルミ推定である。

　フェルミ推定は、実際に調査することが難しいような捉えどころのない量を、いくつかの手掛かりをもとに論理的に推論し、短時間で概算することである。

　たとえば、「ペットの葬儀費用」を以下のようにフェルミ推定できる。

①日本の世帯数は 5,100 万

②うち葬儀をする大型ペットを飼っているのは 1/3 で 1,700 万世帯

③ペットの平均寿命は 14 年　→葬儀件数は 1,700 万÷14 ＝（約）
　120 万件／年

④葬儀を行う割合は最大 3 割　→ 120 万×30％＝ 35 万件

⑤葬儀費用（葬儀・火葬）は 15 万円／件

⑥④×⑤で、市場規模は「年間 500 億円」

　このうち③④⑤はやや不確かで、「500 億円」という結果は不確かだ。ただ、意思決定をする上で大切なのは、「50 億円」なのか「5,000 億円」なのか、ケタを間違えなければよいということである。

―――――――――――――<　**チェックポイント**　>―――――――――――――

- 自社のマーケティング戦略はＳＴＰに則って策定されているだろうか。
- 市場細分化はどのような基準で行われているか。ポジショニングは明確になっているか。
- 新商品のターゲット市場を選んで、その市場規模をフェルミ推定してみよう。

―――――――――――――――――――――――――――――――――――――

マーケティング・ミックス(4P)

概要

マーケティング目標を達成するために、選定したターゲットに対して展開する施策が**マーケティング・ミックス**で、以下の4つがある。

- Product（商品）：顧客に提供する商品を企画・開発する活動
- Price（価格）：取引の経済的基準となる価格を設定する活動
- Place（流通チャネル）：顧客へ製品を移転させるための流通経路の設定や物流に関する活動
- Promotion（販売促進）：製品の存在を知らせ、需要を喚起させる活動

基本戦略との整合性、ミックスとしての統合性

STPでターゲットを選定したら、マーケティング・ミックス＝4Pを展開する。

4Pというと、個々のPのよし悪しに注目が集まる。一つ一つのPのよし悪しを考える前に、まず4Pが自社の目指す基本的な戦略と整合性が取れているかどうかを確認する必要がある。

また、4Pはマーケティング・ミックスといわれるように、一つ一つ

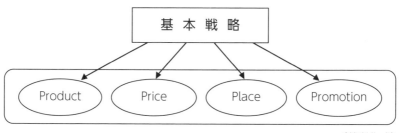

（著者作成）

のＰがバラバラではなく、お互いが有機的な繋がりを持つことが重要だ。

ルイ・ヴィトンのマーケティング・ミックス

　ルイ・ヴィトンは、1981 年に銀座に日本で最初の直営店を出店し、創業 150 周年にあたる 2004 年に全面リニューアル・オープンした。

　銀座出店は、店舗、つまり４Ｐでいう Place という要因だけではなく、ルイ・ヴィトンのビジョンや基本戦略をまず考慮したのだろう。

　ルイ・ヴィトンはファッション・ブランドの中でも最高のブランド、「ブランドの中のブランド」を目指している。そうした差別化戦略を進める上で、日本だけでなくアジアから富裕層が買い物にくる最高級のショッピング・エリアである銀座に旗艦店を出すことは、アジア全体への波及効果が大きいと判断したに違いない。

　ルイ・ヴィトンの場合、Product（商品）は、ブランド価値を際立たせる最高級の品質のものを提供している。Price（価格）は、いたずらに安売り・値引き販売をせず、高級感を維持する価格で販売している。Place（チャネル）は銀座並木店だけでなく、表参道のような高級ショッピングエリアや主要都市を代表する高級百貨店に出店している。Promotion（販売促進）は、高級感を強調した広告宣伝を、また店頭ではコンシェルジュのような丁寧な接客をしている。

　このように、ルイ・ヴィトンでは、Place だけではなく４Ｐ全体がミックスとして有機的に統合され、全社の基本戦略をサポートしている。

───── チェックポイント ─────

・ 自社のマーケティング・ミックスを同業他社と比較し、特徴を確認せよ。
・ 自社の４Ｐは基本戦略と整合しているか、またそれぞれのＰは他のＰと有機的に統合されているか。

商品概念

概要

　商品には、次の３つの概念がある。

①中核的な便益＝基本的な価値・メリット

②商品そのもの＝特徴

③付随的なサービス

　競争の舞台は、①→②→③と移っていく。また、単体の商品の供給ではなく、顧客の問題を解決するソリューションや、問題を定義するところから入り込むコンサルティングが重要視されている。

３つの商品概念

　マーケティングにおいて、商品（Product）は顧客に価値を提供する直接的・中核的な手段であり、顧客との最大の接点でもある。また、商品によって他の３つのＰが決まってくることが多く、商品はマーケティング・ミックス４Ｐの中核をなしている。

　コトラーは、商品には３つのレベルがあることを指摘した。中核的便益・商品そのもの・付随的サービスという３層構造である。

①中核的な便益

　商品の基本的な価値、顧客が商品を購入したときに感じるメリットであり、商品の主目的ともいえる。

　たとえばパソコンでは、表計算、ワープロ機能、インターネット、データ保存といった基本的な機能が中核的な便益である。

②商品そのもの

　中核的な便益を一回り拡張した概念で、現実的な特徴のこと。形状、

ブランドネーム、パッケージ、品質などである。

　パソコンだと、品質を高めるだけでなく、iPad のようなデザイン性や携帯性を売り物にした商品が増えている。

③付随的なサービス

　商品そのものをさらに拡大した概念で、拡大的な商品ともいう。アフター・サービス、配送、クレジット、品質保証など、商品の販売において付随的に行われるサービスを意味する。

　パソコンの場合、近年、故障時の修理などアフター・サービスに力を入れ、差別化に成功しているメーカーが出現している。

　製品ライフサイクル（P.36 参照）の変遷に従って、中核的便益から商品そのもの、さらに付随的サービスへと競争の舞台が移っていく傾向がある。

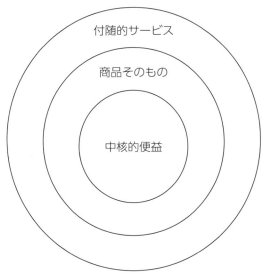

（コトラーのアイデアをもとに著者作成）

ソリューション、コンサルティング

　近年、ITビジネスなどの企業の現場で注目されているのが、商品単体の供給からソリューションへ、さらにはコンサルティングへと、商品概念が進化・拡張する動きである。

　商品が市場に導入された初期段階では、企業は商品を単品で供給する。たとえば、パソコンなどコンピュータの場合、最初はコンピュータを単体で販売する。顧客はコンピュータを利用して、演算処理・ワープロなど中核的な便益を享受する。

　しかし、コンピュータが普及し、ビジネスや生活で日常的に利用するようになると、顧客はより高度な利用を求めるようになる。商品を利用して顧客のビジネスや生活の問題を解決することをソリューションという。

　たいていの場合、単独の商品ではなかなか高度なソリューションを提供できないので、企業は周辺の商品や関連商品と組み合わせて、システムとしてソリューションを提供する。コンピュータの場合、ソフトウェアを組み込んだり、ネットワークやプリンタと繋いだりして、コンピュー

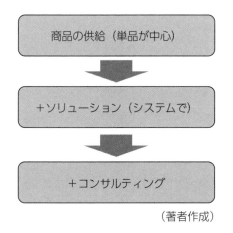

（著者作成）

タシステムを形成するという具合である。

　さらに、市場が成熟化し、個客が商品の高度な利用を目指すと、企業はコンサルティングを通してソリューションを提供するようになる。

　ソリューションとコンサルティングの違いについては色々な見解があるが、対処すべき問題を顧客がどこまで認識しているかによる。つまり、顧客が自社・自分自身の問題を明確に認識している状況で解決策を提供するのがソリューション、何が問題になっているのかわからない状況で問題を定義するところから始めるのがコンサルティングである。

　ただし、コンサルティングの方が儲けやすいとか、コンサルティングを展開しないと生き残れない、というわけではない。ＩＴ業界を見ても、ソリューションやコンサルティングで勝負する企業が数としては多いが、マイクロソフトやインテルのように、圧倒的な商品力があれば、単品の供給でも十分に勝負することができる。

チェックポイント

- 自社の主要商品について、３つの階層がどうなっているか確認してみよう。
- 自社の商品は、商品単体の供給、ソリューション、コンサルティングのどれに該当するか。また、今後どれを目指していくべきか。

イノベーター理論

　イノベーター理論は、E. ロジャーズが提唱した新商品の普及に関する理論である。新商品が採用される過程は平均採用時間を中心とする標準偏差の正規分布として以下の5グループに分類できる。

①**革新者（イノベーター Innovators）**

　　技術志向が高く、新しい技術や新ジャンルの商品を好み、リスクを取って真っ先に新商品を購入する層。全体の 2.5%。

②**初期採用者（アーリー・アダプター Early Adapters）**

　　情報感度が高く、革新者に続いて早期に購入する層。新商品のメリットを高く評価し、市場を形成する上で重要な役割を果たす。全体の 13.5%。

③**前期追随者（アーリー・マジョリティ Early Majorities）**

　　やや慎重だが、平均よりも早く新商品を購入する層。購入前に実用性を確認してから購入する。全体の 34.0%。

④**後期追随者（レイト・マジョリティ Late Majorities）**

　　新しい商品を使うことに抵抗感があり、周囲が使う場面を見て追随しようとする層。全体の 34.0%。

⑤**遅滞者（ラガード Laggards）**

　　新しい商品に懐疑的な層。流行や世の中の動きに対する関心が薄く、新商品がかなり一般化するまで購入を控える。全体の 16.0%。

　新商品の普及でとくにカギになるのが、②初期採用者から③前期追随者にスムーズに移行できるかどうか。普及率が 16% を超えるかどうかに**キャズム**（chasm 溝）があるとされる。

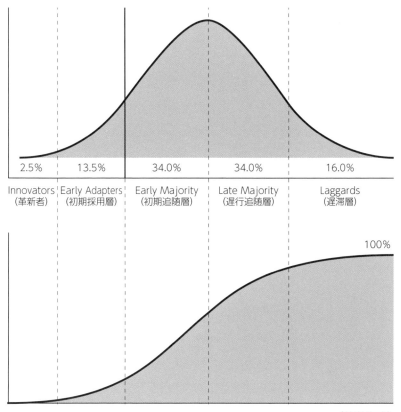

2.5%	13.5%	34.0%	34.0%	16.0%
Innovators （革新者）	Early Adapters （初期採用層）	Early Majority （初期追随層）	Late Majority （遅行追随層）	Laggards （遅滞層）

（著者作成）

▎プロモーションでキャズムを越える

　世の中には次々と新商品が登場するが、大半は革新者か初期採用者ま
でで普及が止まってしまう。このキャズムを越えるひとつのパターンが、
企業によるプロモーションである。

　今日、フリマアプリでナンバーワンのメルカリだが、当初は普及に苦
戦した。2013 年にサービスを開始してから、しばらく利用者数が伸び
悩んだ。

メルカリが最初に取り組んだのは、サービスの改善である。UI/UX（User Interface/User Experience）を改善し、ユーザーが使いやすいプラットフォームにすることでユーザー数を徐々に獲得していった。

そして、アプリが 200 万ダウンロードされたところで 14 年 5 月に大規模に CM を打ち、信頼感とお手軽さのイメージを消費者に植えつけた。そして 14 年 11 月にはリアルのフリマイベントを開催した。これでメルカリの一般的な知名度が高まり、一気にキャズムを越えた。その後は、以下のようにダウンロードを飛躍的に増やしていった。

2013 年 7 月　サービス開始

2014 年 9 月　　500 万（1 年 2 カ月）

2015 年 2 月　1,000 万（5 カ月）

2015 年 5 月　1,500 万（3 カ月）

2015 年 10 月　2,000 万（5 カ月）

こうしてメルカリは短期間で、フリマアプリで圧倒的なシェアを獲得した。メルカリの場合、タイミングよく集中的なプロモーションを実施してキャズムを越えることができたといえるだろう。

キャズムを越えたら市場に参入する

メルカリのフリマアプリのように、特定の企業が主導してキャズムを越えることがある。しかし、よくあるもうひとつのパターンは、2018 〜 19 年のタピオカミルクティのように、偶然のブームによる場合である。

タピオカは、1990 年頃にココナッツミルクなどに入れたデザートとして、2000 年頃に都市部でタピオカミルクティとして少し流行り、今回は 3 度目のブームであった。2013 年末に成田〜台湾の LCC（格安航空）の運行が始まると台湾旅行がブームになり、何度も台湾を訪問するコアな台湾マニアの間でタピオカミルクティの人気が高まっていたこ

とも要因でだろう。

　台湾の人気店「貢茶（Gong cha ゴンチャ）」が日本に進出したのは 2015 年。今回のブームの火付け役になった。ただ、貢茶はまだ国内 79 店舗（2020 年 10 月末）に過ぎず、貢茶のマーケティング努力でブームが起きたというよりは、若者を中心に SNS で画像が拡散したことが大きかった。ただ、なぜ数ある「インスタ映え」する食べ物の中から中高生がタピオカミルクティに飛びついたのかは、謎である（諸説あるが）。

　偶然のブームを事前に察知するのは困難だ。現実的な企業の対応は、キャズムを越えた早い段階で市場に参入することだろう。ただ、普及率が「全体の」16％を超えたかどうかは、後になって全体がわかってから確かめられることで、現在進行形では、どの時点でキャズムを越えたかはわからない。

　絶対のノウハウはないが、ポイントは顧客層の変化を見分けることである。タピオカミルクティの場合、革新者は台湾マニア、採用者は流行に敏感な若者であった。これが、メディアで頻繁に取り上げられるようになり、一般の OL などに顧客層が広がったら、キャズムを越えたと判断する。

チェックポイント

- 自社の過去の商品について、イノベーター理論がどこまで当てはまっているか。
- これから展開する商品について、自社が主導してキャズムを越えるべきか、キャズムを越えてから展開するべきか。

需要志向・競争志向・原価志向

概要

　基本的な価格設定として、次の3つがある。

- 需要志向：市場・顧客が認める価値に着目
- 競争志向：競合他社の価格に着目
- 原価志向（コストプラス）：自社の原価に利益を加える

3Cに対応した価格決定

　価格設定は、商品の売れ行きや利益水準だけではなく、商品の市場がどの程度拡大・縮小するのかを左右する。顧客が商品に対して持つイメージや利用方法にも影響を与える。他社との競争状況も変化してくるだろう。このように価格設定は、商品や事業に様々な影響を及ぼす。

①需要志向

　需要志向は、顧客がその商品に対して認める価値に従って価格を決める方法である。「いくらで買ってもらえるか？」という顧客側の事情に配慮するもので、アンケートなどを実施して顧客の事情を探る。顧客に価値を提供するのがマーケティングの本質であるという考え方からすると、3つの価格決定の中で、最も基本的な方法である。

②競争志向

　競合他社の価格動向を勘案して価格を決定する方法である。企業は、利益確保のために原価志向、顧客満足のために需要志向を志向しやすいが、それで市場に受け入れられない場合、競争志向を採る。

③原価志向

　原価（コスト）志向とは、自社の原価（コスト）に注目する価格決定方

法である。商品を仕入れ・開発・生産・販売するには、コストがかかる。原価志向の価格設定によって、こうしたコストを回収し、確実に利益を得ることができる。たとえば、電力料金は典型的な原価志向である。

3つの価格決定の使い分け

　以上の価格決定は、3C（P.162参照）に対応する。需要志向はCustomer（市場・顧客）、競争志向はCompetitor（業界・競合）、原価志向はCompany（自社）に着目している。

　現実の価格決定では、3つの方法のうちどれかというわけではなく、すべての要因を勘案する。どれに重点が置かれるかという話である。

　企業が確実に利益を得るには、原価志向で設定したい。したがって、原価志向≒高価格になりすい。しかし、顧客志向で買い手優位の現代の市場では、自社の都合を優先して価格決定することは難しい。また、競合他社がいるので、他社の価格を意識して低価格を設定する。したがって、競争志向≒低価格になりやすい。

　つまり、原価志向と需要志向を出発点として検討しながらも、最終的には競争志向に落ち着くことが多い。

　ただし、競争が存在しない、あるいはゆるやかな場合は、原価志向でそのまま価格決定されることもある。たとえば、ガソリンの小売り販売価格は、ガソリンスタンド間の競争が激しい大都市郊外を中心に、基本は競争志向であるが、競争がゆるやかな離島地区などでは原価志向が優勢である。

─────────◀ **チェックポイント** ▶─────────

・ 自社と競合他社の価格決定を確認してみよう。需要志向・競争志向・原価志向のどれを採用しているか。

上澄み吸収価格と市場浸透価格

概要

新商品の価格決定には次の2つがある。

- **上澄み吸収価格**：高い価格を設定して、ブランド価値・利益率を高める。
- **市場浸透価格**：原価を下回るような低い価格を設定して需要を拡大し、売上高・利益の絶対額を増やす。

新商品の価格決定

価格決定は製品ライフサイクルのどの段階でも重要だが、とりわけ新商品を上市する際には、価格の設定によって、その後の需要の広がり・ブランドイメージ・利益率などが大きく変わってくる。

新商品の価格決定には、大きく上澄み吸収価格と市場浸透価格がある。

①上澄み吸収価格

上澄み吸収価格（skimming price）は、初期高価格政策である。前節の3つの基本価格政策でいうと、原価志向に近い。新商品を開発・展開するにはコストがかかるので、高価格を付けることでそれを早期に回収しようという考え方である。たとえば、医薬品などは上澄み吸収価格を採用する。

製品ライフサイクルの導入期（P.36参照）に他に先駆けて新商品を購買するイノベーターは、新しさに価値を認め、値段を気にせず購買する場合が多い。上澄み吸収価格はそうした需要の上澄み（ミルクの上澄みをスキムミルクという）をターゲットにする戦略である。利益確保の安全性や利益率を意識した価格戦略といえる。

②市場浸透価格

　市場浸透価格（penetration price）は、初期低価格政策である。一般に商品は、値段が下がると需要が増える。したがって、初期段階で低価格を設定すれば、たとえ一時的に低収益、場合によっては赤字になったとしても、市場が広がり、長い目で見て大きなパイを獲得することができる。たとえば、電気製品などは、市場浸透価格を採用することが多い。

　市場浸透価格は、早めにPLCの成長期へ進めようという意図があり、長期的な視点の戦略といえる。販売量や利益の額を意識する。

上澄み吸収価格と市場浸透価格の使い分け

　上澄み吸収価格と市場浸透価格のどちらを選択するかについては、いくつかのロジックがある。

・価格を気にしない需要層が存在するかどうか。

→存在する場合は上澄み吸収価格、しない場合は市場浸透価格

・製品・サービスに差別性や特殊な用途があるかどうか。

→ある場合は上澄み吸収価格、ない場合は市場浸透価格

・特許や実用新案権など、何らかの法的根拠によって当該製品が保護されているか。

→されている場合は上澄み吸収価格、いない場合は市場浸透価格

チェックポイント

・自社の主要製品は、導入期に上澄み吸収価格だったか、市場浸透価格だったか。それは適切な判断だったか。

・今後、上市を予定している新商品は、上澄み吸収価格と市場浸透価格のどちらを採用するべきか。

開放的チャネル・選択的チャネル・専属的チャネル

概要

チャネルとは、メーカーと顧客を結ぶ経路のことで、メーカー、卸売業者、小売業者という参加者で構成されている。そして、チャネルは、「幅」と「長さ」で定義できる（長さについては、次節で検討する）。

チャネルの「幅」とは、メーカーが形成するチャネルに流通業者（卸売業者・小売業者）がどれだけ自由に参加できるかということで、開放的チャネル・選択的チャネル・専属的チャネルの３つの政策がある。

開放的チャネル

メーカーが制約を設けずにできるだけたくさんの中間業者に商品を取り扱ってもらい、幅広いストア・カバレッジを目指す政策。日用品などの最寄品では、開放的チャネルを採ることが多い。

メーカーは、開放的チャネルによって、ブランドの認知度や顧客の利便性を高めようとする。制約を設けずにできるだけ多くの卸売業者・小売業者に自社の商品を取り扱ってもらうことにより、消費者の購買機会を増やし、売上の向上を図るというメリットがある。

一方、取り扱い業者に自社の商品を優先して販売してもらうなどの融通が利きにくく、価格競争に巻き込まれやすいのがデメリットである。

選択的チャネル

メーカーが設定する諸条件を満たす流通業者だけがチャネルに参加できる、やや狭いチャネル。化粧品や医薬品、衣料品など、比較的高額な

商品にこの政策が用いられる。

　チャネル参加の条件を付けることで、流通業者の質を高めることを目的とする。小売業者が自社商品の販売に積極的である場合や長期的な取引実績がある場合、優先的に自社商品の供給を行うことがよくある。

専属的チャネル

　ある地域・領域ではメーカーと流通業者の関係が1対1になっている、最も狭いチャネル。別名、排他的チャネルという。自動車（新車）や高級専門店、高級ブランドに用いられることが多い。

　小売店をコントロールしやすくなり、価格競争に巻き込まれにくいというメリットがある。

　ただ、知名度が低い商品では消費者の目にとまりにくいという点や、海外ブランド商品ではディスカウントストアが並行輸入して販売するケースなど、小売店をコントロールしきれないというデメリットもある。

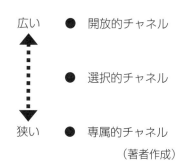

（著者作成）

―――― チェックポイント ――――

・ 自社のチャネルは、開放的チャネル・選択的チャネル・専属的チャネルのどれに該当するか。また、どういう効果を狙っているか。
・ 今後、チャネルの幅を広げるべきだろうか、狭めるべきだろうか。

取引数量最小化の原理、不確実性プールの原理

概要

　チャネル内での卸売業者の存在意義を説明するのが、M. ホールが提唱した取引数量最小化の原理と不確実性プールの原理である。

〔取引数量最小化の原理（ホールの第一定理）〕

　メーカーと小売業者がそれぞれ3社ある場合、メーカーと小売業者とそれぞれ取引すると取引総数は3×3＝9になる。

　これに対して、卸売業者に取引を集約することによって、取引総数は3＋3＝6に減り、流通が合理化される。

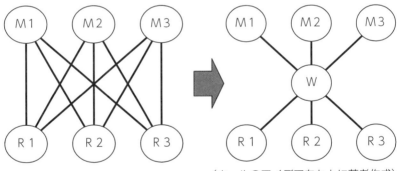

（ホールのアイデアをもとに著者作成）

〔不確実性プールの原理（ホールの第二定理）〕

　ある地域で商品の総需要が100、小売業者が4社あって各社の予測販売数が20〜30と不確実だとする。卸売業者が存在しない場合、各小売業者が30ずつ仕入れると流通の総在庫量は30×4＝120になる。

　一方、卸売業者がその地域にある場合、各小売業者は在庫を20に抑え、

30 売れるとわかったら 10 を卸から仕入れればよい。総需要では 100 なので、卸は在庫を 20 持てば追加注文に対応できる。したがって、流通の総在庫量は 20 × 4 ＋ 20 ＝ 100 となり、在庫量が削減される。

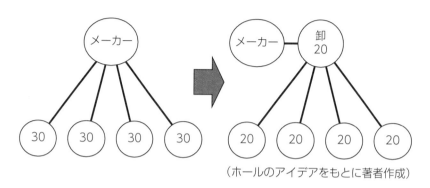

（ホールのアイデアをもとに著者作成）

▌長いチャネルと短いチャネル

　チャネルの「長さ」とは、メーカーから顧客（Customer 消費者・需要家）に届ける段階に、卸売業者（Wholeseller）・小売業者（Retailor）がどれだけ介在しているか、という程度を意味する。多数の卸売業者・小売業者が入って多段階になっているのが長いチャネル、段階が少ないのが短いチャネルである。

　メーカーが最終的に消費者に届けるまでの間に、卸・小売が入っているのが長いチャネルである。卸売業者は 1 つとは限らず、産地卸、卸売市場、1 次卸、2 次卸と複数の卸が介在する商品もある。消費財、とくに農水産品や雑貨などは、一般にチャネルが長い。

　一方、卸が抜け、小売りが抜け、メーカーが消費者・利用者に直販するのが短いチャネルである。デルがコンピュータを消費者に直接販売しているのが象徴的な事例である。

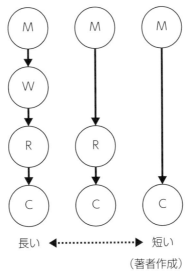

長い ◀┈┈┈┈┈┈┈┈┈▶ 短い

（著者作成）

チャネルの長さの決定

　長いチャネル、短いチャネルには、それぞれメリットがある。

〔長いチャネルのメリット〕

- 卸の販売網を活用することができるので、販売量を増やしたり、市場のカバーを広げたりすることができる。
- 卸に取引の処理を委ねることで、取引コストを低減させることができる（取引数量最小化の原理）。
- 卸に在庫を持たせることで、在庫量・在庫リスクを軽減できる（不確実性プールの原理）。

〔短いチャネルのメリット〕

- 卸売・小売業者に支払う中間マージンを削減できる。
- 消費者・ユーザーと直接情報交換ができる。自社がメッセージを伝える場合も、顧客から情報を収集する場合も、中間業者を介した伝言ゲームではなく、直接コミュニケーションしたいというニーズがある。

チャネルの短縮化

　チャネルの長さに、近年、大きな変化が起こっている。多くの業界で卸売業者・商社を省略する「中抜き」「商社外し」が広がっている。家電のネット販売や農産物の産直など色々な業界・商品で短いチャネルが増えているのだ。小売店も外し、間に流通業者を介さず、生産者と消費者が直結するケースを**ゼロ段階チャネル**と呼ぶ。

　かつて多くの業種でメーカーが卸売業者を起用していたのは、受発注・在庫管理・物流・代金回収といった取引が煩雑だったためである。卸売業者を起用するとマージンを払わなければらないが、マージン節約のために卸を外すと、面倒な取引を自社で行わなければならない。取引コストとマージンがバランスしていたわけだ。

　ところが、1990年代後半 IT 化が進み、オペレーションが自動化すると、取引の手間・コストが劇的に小さくなった。取引コストとマージンのバランスが崩れて、チャネルの短縮化が進んだのである。

　ただし、書籍販売では日販とトーハンという2大卸（取次店）が圧倒的な存在感を示しているように、商品点数と小売業者の数が多い業界では、以前として卸売業者が影響力を持っている。

　書籍では、Amazon が伸長している。Amazon は消費者に EC サイトを展開しているので小売業に分類されるが、大規模な物流センターによる即時配送を特徴にしており、卸売業と小売業を兼営する存在といえよう。

───────◆ チェックポイント ◆───────

- 自社のチャネルは同業他社と比べて長いか、短いか。それはどういう効果を狙っているのか。
- 今後、チャネルの短縮化を進めていくべきか。在庫管理や物流などの機能を誰が担うのが合理的か。

プロモーションミックス

概要

消費者の購買行動を喚起するための施策をプロモーションといい、以下ような具体的手段がある。

①セールス・プロモーション

②人的販売

③広告宣伝

④パブリシティ

企業はこれらを組み合わせて実行するので、**プロモーションミックス**と呼ぶ。

プロモーションの具体的施策

企業がどれだけ魅力的な商品を用意しても、顧客がその存在を知らなければ購買してもらえない。また、存在を知ったとしても、他社の商品や代替品と違った魅力を持つことを正確に伝えないと、購買してもらえない。

実際に顧客が商品を購入するか、しないか、という意思決定を行う上で、企業が顧客の購買行動を喚起するプロモーションがカギを握る。

プロモーションには、以下のような施策がある。

①セールスプロモーション

「狭義の販促」とも呼ばれ、消費者の購買意欲や流通業者の販売意欲を引き出す取り組みである。消費者向け、流通チャネル向け、社内の営業担当者向けの3つに分類できる。

・**消費者向け**:サンプリング、デモンストレーション（実演）、イベント・

スポンサーシップ、値引き、景品、店頭ディスプレイなどがある。

- **流通チャネル向け**：報奨金、バックマージン、報奨旅行、陳列コンテストなど
- **社内営業担当者向け**：販売マニュアルの作成、販売コンテストなど

②人的販売

　営業担当者・販売員が顧客に対して直接的なコミュニケーションを行い、販売を成立させる活動である。高い知識を持った営業担当者・販売員が商品や顧客に合った人的販売を展開することによって、顧客の購買を引き出すことができる。なお、顧客を訪問して注文を獲得する活動をするのを営業担当者（あるいは営業パーソン）、小売店などの店頭で接客活動をするのを販売員として区別する。

③広告宣伝

　ＰＲ（Public Relations）活動のひとつで、商品情報などの企業メッセージを、メディアを通して顧客に届けることである。広告媒体は、新聞・雑誌・テレビ・ラジオなどのマスメディアの他、ホームページ、ダイレクトメール、街頭パネル、ネオンサイン、電車・バスの中吊り、小売店頭のPOP（point of purchase）など幅広い。企業は、商品特性や顧客層などを勘案してメディアを選択する。

④パブリシティ

　ＰＲ活動のひとつで、事業や商品を新聞・雑誌・テレビ・ラジオなどのマスメディアにニュースとして取り上げてもらうよう働きかけることである。広告宣伝との大きな違いは、パブリシティではマスメディアに対して企業が代金を支払わないこと。

　なお、パブリシティとは別に、**口コミ**を第5のプロモーション手段とすることもある。SNSの普及で、口コミの重要性が増している。

　この4つ（5つ）をプロモーションミックスという。4つ（5つ）をバラバラに実施するのではなく、有機的に組み合わせてミックスとして展開することで、顧客に対する効果が高まる。

プッシュ戦略とプル戦略

プロモーションをプッシュ戦略とプル戦略に分類することがある。

プッシュ戦略とは、流通業者（小売店など）にメリットを提供することで自社商品の取り扱い強化や購入者への推奨をしてもらい、販売現場で購入を促すために「押す（push）」戦略である。

プル戦略とは、メーカーが広く消費者に対して直接的にアプローチし、購買意欲を喚起することによって指名買いさせることを狙う、顧客を「引き込む（pull）」戦略である。

大まかにいうと、プロモーションミックスのうち、①セールスプロモーションと②人的販売をプッシュ戦略、③広告宣伝、④パブリシティ、口コミをプル戦略という。

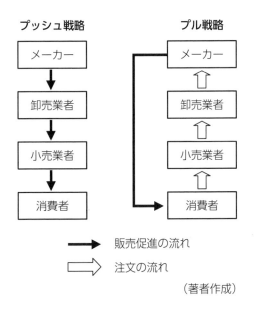

（著者作成）

プッシュとプルの使い分け

企業は漫然とプロモーションをするのではなく、プッシュとプルが補

完し合うようにする。そして、プッシュに重点を置くか、プルに重点を置くかを使い分けることは重要である。

以下のような要因を考慮して、プッシュとプルを使い分ける。

- **顧客の特定性**：個人に販売する場合や地理的に広い範囲を対象とする場合、プルで効率が高まる。一方、特定業種のメーカーに売る場合や店頭・狭いエリアで展開する場合、プッシュによって顧客の購買行動に、より強く働き掛けることができる。

- **商品の専門性**：専門性の高い商品の場合、プッシュ、とくに人的販売によって顧客に対し丁寧な説明をする必要がある。逆に、専門的な説明を必要としない商品の場合、プルによってプロモーションの効率を高める。

- **PLC の発展段階**：PLC（P.36 参照）の導入期や成長期初期では、プルによって商品の認知度を高める。成熟期・衰退期になると、他社との差別性を強調するためにプッシュを多用する。

- **AIDMA の段階**：AIDMA（次節参照）の初期段階の Attention（注意）や Interest（関心）では、プルで認知度を高める。Action（行動）ではプッシュが強く働き掛ける。

チェックポイント

- 自社では、セールスプロモーション、人的販売、広告宣伝、パブリシティのどれを活用しているか。バラバラではなく、ミックスとして活用できているか。

- 顧客や商品の特性などに応じて、プッシュとプルを的確に使い分けているか。

AIDMA

概要

AIDMA（アイドマ）は、消費者が実際に商品を認知してから購入するまでの購買行動をモデル化したものである。

Attention 注意 → Interest 関心 → Desire 欲求 → Memory 記憶 → Action 行動、の頭文字である。

購買行動のプロセス

消費者が商品を認知してから購買に至るまで、一定のプロセスがある。

①ある主婦がスーパーマーケットの加工食品売り場で「ZERO」という商品を目にした（Attention）。

②日本ハムの商品で、糖質ゼロのロースハムだということで、「ハムにも糖質ゼロってあるのね」と関心を持った（Interest）。

③夫が肥満気味で食事の糖質を気にしていることから、買ってみようかなと思った（Desire）

④しかし、夫が本当に糖質制限したいと思っているかわからないので、帰宅して確認することにした（Memory）

⑤帰宅して、夫に「ZERO」のことを話したところ「試してみたい」と言うので、翌日、スーパーマーケットで購入した（Action）。

Memory がなく、すぐ購買すると AIDA（アイダ）になる。

なお、ネットでの購買行動のモデルが、電通が提唱した AISAS（アイサス）である。Attention（認知）→ Interest（関心）→ Search（検索）→ Action（行動）→ Share（共有）の略である。

認知段階	感情段階			行動段階

プロセス	Attention 注目	Interest 関心	Desire 欲求	Memory 記憶	Action 行動
コミュニケーション目標	認知度向上	評価向上	ニーズ喚起	購買行動喚起	購入機会提供

（著者作成）

AIDMA に対応したプロモーション

企業は、AIDMA に応じて消費者に働き掛ける。

まず、Attention ＝認知段階では、広い顧客層からの注目を集めることが目標になる。ZERO なら、テレビコマーシャルなどメディアを使った広告や SNS、店頭では人目を引く POP 広告などが有効だ。

次に、Interest・Desire・Memory という感情段階では、消費者が商品を高く評価し、ニーズを喚起され、購買行動を起こすことが目標になる。商品の便益（メリット）をわかりやすく説明するコマーシャルや雑誌記事、店頭では販売員による説明などをよく用いる。

最後に、Action ＝購買段階では購入機会を提供することが目標になる。どこでどう購入すればよいかなどを SNS やホームページで知らせるのが有効だ。

━━━━━ チェックポイント ━━━━━

- 消費者が AIDMA（あるいは AIDA・AISAS）をどう展開して自社の商品を購入しているかを確認しよう。とくに商品が売れていない場合、AIDMA のどこがボトルネックになっているのか調べる。
- AIDMA に即した適切なプロモーションが行われているか。

ブランド論

概要

ブランドとは、ある商品を他の同じカテゴリーの商品と区別するためのあらゆる概念を意味する。

ブランドを冠して商品を提供する側の意思を表現するために、文字や図形で具体的に表現された商標を使用することが多い。

元々ブランドは、商品・商品群を対象にしていたが、事業や企業全体、さらに近年は地域、個人などにも適用されるようになっている。

ブランド機能

商品の基本的性能で差がつかなくなってくるにつれて、ブランドが重要になっている。

ブランド化には、以下の4つの機能（メリット）があるとされる。

①出所表示機能

商品にブランドが付されることで、消費者はその商品が特定のメーカーや流通業者による商品だと認識できる。製品選択が容易になり、再購買を促進させることも期待できる。コンビニで売られている牛乳パックに「明治おいしい牛乳」とブランド名が付されていると、消費者は、明治乳業が製造した牛乳だと認識できる。

②品質表示機能

ブランドが付されていることで、消費者はその製品の品質を判定することができる。消費者は過去の消費体験から、そのブランドへの品質イメージを形成する。過去に「明治おいしい牛乳」を飲んだ消費者が「おいしい」と感じたら、「明治」のブランドを見て「おいしい」というイメー

ジを形成するだろう。

③広告宣伝機能

　あるブランド名（やロゴなど）が消費者や流通業者に広く浸透している場合、新たな商品にそのブランド名を付けることで、その製品に対する消費者や流通業者のイメージを向上させることができる。明治が 1 日分のカルシウムと鉄分が入った「明治ミルクで元気」を発売したとき、消費者は「明治」を認知しているので、他社の類似商品と比べて高品質なイメージを持つ。

④資産価値機能

　価値のあるブランドは、ブランドそのものがひとつの資産として価値を持つ。ソフトバンクが 2013 年にアメリカの通信大手スプリントを買収したとき、スプリントの商標にブランド価値を認め、事業の買収額に 3,000 億円を上乗せした。

ブランドに対する誤解

　近年、重要性を増す「ブランド」だが、日本では誤解も多い。ブランド（化）に関する代表的な誤解を 3 点紹介しよう。

①優れた商品を提供していれば、自然にブランドは形成される。ことさらブランドを強調するのは、商品に自信がない企業がやることだ。

→優れた商品を提供するのは企業にとって当然の責務で、それを消費者に認識してもらうにはブランドが重要な役割を果たす。

②ブランド化にはテレビ・新聞・雑誌といったメディアへのマス広告が必須で、コストがかかる。金のある一流企業しかやれない。

→スターバックスが日本でマス広告をしていないように、マス広告は必須ではない。SNS の普及で、マス広告の役割はむしろ低下しつつある。

③消費財、しかも高級ブランド品の世界の話で、生産財や低価格品は関係ない。

→消費財、高級品だけでなく、インテルのような生産財の企業、ユニクロのような低価格品でもブランドが大きな役割を果たすようになっている。

　ブランド戦略を推進する前にまず、経営者・従業員がこうした誤解をなくし、ブランドの重要性を正しく理解する必要がある。

┃一貫性のあるブランド戦略

　今日、多くの企業が商品（や商品群、事業、企業）のブランド化に取り組んでいる。しかし、広告宣伝費やコンサルティング料をたくさん払ったのにブランド機能がなかなか高まらない、というケースが多い。

　ブランド戦略を進める上で大切なのは、「一貫性」である。

　図のようなプロセスで、一貫性のあるブランド戦略を展開する。

　まず、企業全体のビジョンと戦略を踏まえて、商品のコンセプトを明確にする。ビジョン・戦略・製品が、差別化なら差別化で一貫している必要がある。

　そして、商品コンセプトに合致したブランド要素を選択する。ブランド要素とは、名称、ロゴマーク、キャッチコピー、キャラクター、色、ジングル（音）など、ブランドを構成する様々な最小単位のことである。

　最後に、ターゲット顧客と合致したチャネルを選んで、ブランド・メッセージを伝える。チャネルにはマスメディアだけでなく、自社ホームページ、SNS、営業担当などがある。

　なお、こうしたブランド戦略があまり頻繁に変更されると、消費者は混乱し、確固たるブランド・イメージを形成することができない。いったん戦略を決めたら、長期間にわたって一貫した活動をする必要がある。

> **ブランディング**
> その商品はブランディングが必要なのか？

> **ブランドネーム**
> その商品にどういうブランド名を付けるか？

> **ブランド戦略**
> ブランド拡張・ダブルブランドなど、どういう戦略を取るか？

> **ブランド再構築**
> ブランドを再構築するべきか？

> **ブランドスポンサー**
> 誰がブランドを管理するか？

（コトラーのアイデアをもとに著者作成）

チェックポイント

- 自社では、商品（群）・事業・企業に良好なブランドが形成され、出所表示機能・品質表示機能・広告宣伝機能・資産価値機能を発揮しているか。
- ブランド機能を高めるために、一貫性のあるブランド戦略を立案・実行できているだろうか。

小売りの輪と真空地帯理論

概要

　小売りの輪と真空地帯理論は、小売り業態の進化を説明する理論である。

　M. マクネイアの**小売りの輪**によると、新参者は安売り業態としてローエンドの市場に入ってくるが、それで成功すると利益率を上げるために高級化する。そうすると、別の低価格の新業態が現れて既存業態を駆逐する。この繰り返しによって小売業態が非連続的に進化するという。

　一方、O. ニールセンの**真空地帯理論**によると、高サービスの小売業者は高価格に、低サービスの小売業者は低価格に最初からポジショニングしているという。

業態革新の競争

　流通業において、酒店・電器店・薬局などのように、取扱商品の種類によって分類したものを業種という。これに対し、百貨店・コンビニエンスストア・ディスカウントストアなどのように、営業形態による分類のことを業態という。つまり「何を売るか」が業種、「どのように売るか」が業態である。

　かつては、業種ごとの分類が主流だった。しかし、商品も消費者ニーズも多様化するにつれて、単一の商品カテゴリーを取り扱う伝統的な業種店では消費者ニーズを満たしきれなくなった。

　消費者と直接的に接する小売業者は、消費者ニーズ・販売技術などの変化を受けて、絶え間なく業態を進化させてきた。新しい業態を作り出すことを業態開発といい、とくに小売業者にとっては重要な経営課題である。

第1ステージ
・低価格のオペレーション
・低利益率
・簡素なサービス、店舗

第2ステージ
・高価格のオペレーション
・高利益率
・よいサービス、立派な店舗

第3ステージ
・さらに高価格のオペレーション
・さらに高利益率
・手の込んだサービス、最高な店

第4ステージ
・低価格の参入者が出現
・対抗して、価格設定を見直し

（マクネイアのアイデアをもとに著者作成）

小売りの輪

　マクネイアが提唱した小売りの輪（wheel of retailing）は、新参者は安売り業態としてローエンドの市場に入ってくるが、それで成功すると利益率を上げるために高級化する。そうすると、別の低価格の新業態が現れて既存業態を駆逐する。この繰り返しによって小売業態が非連続的に進化するというのが、マクネイアの主張である。

　たとえばアパレルの世界では、伝統的な呉服屋が支配する江戸日本橋に「現金掛け値なし」の安売りで殴り込みをかけたのが三井の越後屋だった。その越後屋が幕府御用達となって高級化し、百貨店の三越となって長く小売業で売上高日本一だった。

　また、1960年代からレナウンが台頭し、アパレルで世界最大になった。ところが、1990年代後半以降にデフレが深刻化すると、ユニクロなどの低価格のカテゴリーキラー（特定のカテゴリーに特化した安売り

業態）に取って代わられてしまった。

　なお、アパレル業界など小売りの輪が当てはまる業界もあれば、最初から高価格で始まったコンビニエンスストアのように、当てはまらない業種もある。

真空地帯理論

　マーケティングの世界で一世を風靡した小売りの輪だが、その後、様々な批判が現れた。その代表が、ニールセンが提唱した真空地帯理論である。

　ニールセンによると、高サービス小売業者は高価格帯に，低サービス小売業者は低価格帯に初期からポジショニングしている。しかし、消費者選好は中価格帯に集中していると考えられるため、両者は中間のポジションへと移動する。すると、両者が動いた後のポジションが空白の真空地帯（vacuum）となり、そのポジションへと新たな小売業態が参入することになるという。

小売りの輪にどう対応するべきか

　ある業態で成功した既存の業者は、後続の低価格の参入者にどう対応すればよいのだろうか。

　基本は、市場ニーズを分析し、変化に合わせて業態転換することだ。消費者の嗜好の変化はますます速くなっており、手遅れにならないよう迅速に対応することが求められる。

　ただ、以下のような懸念から、適時適切に業態転換することはなかなか困難だ。

・既存の業態を支持する顧客を失ってしまう。

・低価格化し利益率が低下してしまう。

・高級化の過程で高コスト体質になっており、新業態を低コストで運営
　できない。

　そこで、全面的に業態転換するのではなく、既存業態を維持しつつ、
別ブランドで新しい業態を立ち上げるマルチブランド戦略が考えられ
る。コロワイドなどの飲食大手は、マルチブランド戦略を進めてリスク
を回避しつつ、需要の変化に対応している。

　ただしマルチブランド戦略には、広告宣伝などが分散する、消費者か
ら見たブランドイメージが拡散する、生産・物流などオペレーションが
非効率になる、といった問題がある。

チェックポイント

・自社の業種では、業態という考え方は浸透しているか。現在に至るま
　で、業態がどのように変遷してきたか。
・自社の業種では、市場ニーズがどう変化し、今後どのような業態が必
　要とされるか。業態転換にどう対応していくべきか。

ロングテール戦略

ロングテール戦略は、『Wired』誌元編集長の C. アンダーソンが提唱した E コマースの戦略概念である。ロングテール(the long tail)とは、ネットにおいて、売れ筋のよいメイン商品の売上よりも、あまり売れないニッチな商品群の売上合計が上回る現象である。

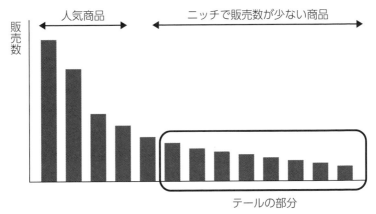

（アンダーソンのアイデアをもとに著者作成）

ロングテール戦略で店舗型ビジネスの限界を超える

店舗型のビジネスでは、売り場面積が限られるので、数多くの商品アイテムを陳列することはできない。流行ブランド、季節のアイテムなど少数の売れ筋商品を厳選して陳列し、単位面積当たりの売上高を高めようとする。売れ行きのよい上位 2 割の商品で全体の売上高の 8 割を占めることが多く、80:20 の法則（パレートの法則）と呼ばれる。

しかし、インターネット上の EC サイトは、売り場面積の制約がなく、

数多くの商品を「陳列」できる。消費者は地理的・時間的な制約なく、自分の好みに合った商品を容易に検索することができる。このようにECサイトでは、売れ筋商品以外でも売上を確保することができる。

　ロングテール戦略を実践している代表例が、ネットショップ最大手のAmazonである。Amazonの取扱商品数は日本だけで1億点を優に超えるという。1億点の大半は、1年に数回売れるかどうか、という需要の少ないニッチな商品・売れない商品である。

▌自社ECサイトの展開

　自社ECサイトの展開では、次のような点に注意したい。

　まず、利用しやすいサイトを構築する。古い商品・死に筋商品でも検索できるように、見やすいサイトにし、使いやすい検索機能を導入する。できればAmazonのようなリコメンド機能を付加する。さらに、注文をしやすいサイトにする工夫も必要だ。

　在庫管理・物流も課題となる。せっかくロングテール商品に消費者が関心を持っても、在庫切れでは販売機会を逃してしまう。また、商品到着まで時間がかかると、不満を感じた顧客はリピーターになってくれない。コストも考慮しつつ、在庫管理・物流の体制を整える。

───────── **チェックポイント** ─────────

- 自社の商品の売上を分析し、80：20の法則が当てはまるか、ロングテールの可能性があるか確認せよ。
- ロングテール戦略を実践するためのサイトや在庫管理・物流のあり方を検討せよ。

第6章
分析のフレームワーク

経営環境を分析し、戦略を立案する際、勘と経験に考えるのではなく、フレームワークを活用するのが効果的だ。この章では、3C、PEST、SWOT、デシジョンツリーなど、分析と決定のフレームワークを紹介する。

概要

　企業が戦略を検討・決定する際に考慮するべき3つの要因が、Company（自社）・Customer（市場・顧客）・Competitor（業界・競合）の3Cである。以下のような情報を収集し、分析する。

	Company（自社）	Customer（顧客・市場）	Competitor（業界・競合）
事業・ブランドレベル	財務・拠点・マーケティング・人的資源・技術的要素など	市場規模・成長性、顧客の属性・ニーズ・購買行動	財務・拠点・マーケティング・人的資源・技術的要素など
企業レベル	上記＋より詳細な財務・人的資源・経営管理・情報・組織風土などの分析	市場規模・成長性など市場要素中心	財務・拠点・マーケティング・人的資源・技術的要素など

（著者作成）

3Cで戦略を検討する

　戦略を検討・決定するとき、3Cを分析する。

　ある起業家がラーメンチェーンを始めるとしよう。まず彼はCompanyを分析する。美味しいラーメンを作る技術があるか、出店のための資金力はあるか、オペレーションのノウハウがあるか、などである。

　次に、Customerを分析する。市場のトレンド、市場規模、出店地域、対象顧客などを分析する。

　このCompanyとCustomerの分析に基づき、誰にどういう価値を提供するのか、というビジネスモデル（P.90参照）を決定する。

　最後に、Competitor を確認する。いまどきラーメン店は至るところにあるので、近隣の店の戦略・商品・顧客層などを自社と比較分析する。競争に勝てないようなら、ビジネスモデルを再検討する。

　なお、Company → Customer → Competitor という順序で分析するのが一般的だが、Competitor → Customer → Company という順で検討することもある。ポジショニングビューで競合他社が弱いところを狙うという発想から（P.18 参照）、まず競合の分析から始めるわけだ。

有効な情報を入手するには？

　戦略決定に有効な情報を入手するには、以下の点に留意する。

　まず Company では、自社の強みが何なのかを確かめる。よく「わが社はコスト競争力はないが、それに比べて品質はそんなに大きな問題はない。わが社の弱みはコスト競争力、強みは品質」と分析することがある。しかし、「強み」は、競合他社と比べて強く、事業に競争優位をもたらすことが大切で、自社内の相対的な比較では意味がない。

　Customer では、アンケートやインタビューで顧客が本音を語ってくれるとは限らない。顧客の声を集めるだけではなく、顧客が自社の商品をどう利用しどう感じているのか、自分の目で観察するとよい。

　Competitor では、現在の競合を分析するだけではなく、潜在的な競合や代替品の動向も幅広く見るようにする。技術の変化が激しい業界やグローバル化した業界では、PEST（次節参照）の変化を注視する。

チェックポイント

- 自社の3C を確認してみよう。3C 分析に基づいて、合理的な戦略を策定できているだろうか。
- 3C について、意思決定に有効な情報を入手できているだろうか。

セオリー
&
フレームワーク
46

PEST

　企業にとって統制不可能な外部環境のことをマクロ環境といい、PEST に代表される。

　PEST は Politics（政治・法規制）・Economy（経済）・Society（社会・人口動態）・Technology（技術）の略である。

ミクロ環境とマクロ環境

　企業の経営環境は、ミクロ環境とマクロ環境に分類できる。

　経営戦略を検討するとき、たいてい３Ｃの分析から始める（前節参照）。まったく経営知識がない起業家でも、３Ｃを検討し忘れるということはないだろう。ところが、マクロ環境・PEST については、調査部門を持

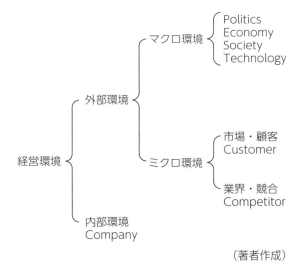

（著者作成）

つ大企業でも、調査・分析を割愛してしまうことが珍しくない。

　ただ、企業を発展させる大きな機会や衰退に追いやる脅威は、3Cよりもむしろマクロ環境の変化から発生する（特に機会）。

　3C + PEST で、経営環境を幅広く分析することが大切だ。

▌PEST と市場創造

　日本では長く中古品の取引量が少なかったが、1990 年代後半以降、中古品市場が拡大。古書を中心としたブックオフ、ブランド品を主に扱うコメ兵、車のガリバー、フリマのメルカリなど、中古品ビジネスが急成長している。

　中古品市場が拡大した要因として、以下の PEST の変化がある。

Politics	Economy
・各種リサイクル法の整備 ・古物営業法の改正（古物商の開業が容易に）	・デフレ、所得低下→需要増 ・飲食店・小売・卸の倒産→供給増
Society	Technology
・エコロジーへの意識の高まり ・中古品への抵抗感の低下	・再生技術 ・インターネット取引の拡大

　PEST の中でもとりわけ Society は認識しにくいので、注視するべきだろう。

───────────　**チェックポイント**　───────────

・ 自社の事業を取り巻くマクロ環境を PEST 分析してみよう。自社の発展はどのような PEST の変化によってもたらされたか。
・ PEST 分析から、新商品・新規事業のアイデアを探ってみよう。

SWOT

概要

SWOT は企業の内外の環境を体系的に分析するフレームワークである。

- Strength ＝自社内部の「強み」
- Weakness ＝自社内部の「弱み」
- Opportunity ＝外部の「機会」
- Threat ＝外部の「脅威」

そして、「強みを生かす」「弱みを克服する」「機会を捉える」「脅威に対処する」という４つの観点から戦略を立案する。

発見のある SWOT 分析のために

SWOT は数ある経営のフレームワークの中で、最も有名だ。部門・

職場の年度目標や中期経営計画を作るとき、新商品・新規事業を検討するとき、SWOT を実施することが多い。

しかし、企業の現場を見ると、年中行事として実施しているだけで、効果的な SWOT になっていないというケースが多い。

すでに知っている情報を整理するだけの SWOT 分析は、頭の整理になるものの、効果はない。「わが社にはこういう強みがあったのか！」「こんな絶好の事業機会があったのか！」という発見があるのが、効果的な SWOT だ。とくに、マクロ環境の変化から事業の発展に繋がる大きな機会を捉えたいところだ。

そこで注意したいのが、SWOT 分析の順番である。普通は SWOT という名称の通り、S → W → O → T の順番で実施するが、この順番だと外部環境の機会 (O)・脅威 (T) を分析するとき、「自社の強み (S)・弱み (W) と関連した機会・脅威は何か？」という発想で、視野の狭い分析になってしまう。視野の広い分析をするためには、まず内部環境のことを考えず、外部環境からゼロベースで分析するとよいだろう。

また、外部環境の分析は、どうしても目に付きやすい Customer・Competitor に偏ってしまうので、意識的に PEST（前節参照）を幅広く分析するとよい。

クロス SWOT

SWOT 分析のもうひとつの大きな問題は、分析のしっぱなしで、戦略立案に生かされないことだ。「強みを生かす」「弱みを克服する」「機会を捉える」「脅威に対処する」という観点で、SWOT を戦略に結びつける必要がある。

ここでよく用いるのがクロス SWOT（TOWS マトリクス）である。次ページの図は、ある生産系のコンサルティング会社が作成したクロスSWOT である。

	機会 (Opportunity) ・顧客の海外展開 ・リスク管理のニーズ ・人手不足	脅威 (Threat) ・DX 化 ・同業の低価格攻勢 ・コンサルタントの採用難
強み (Strength) ・提案営業力 ・ものづくりのノウハウ ・大手製造業のネットワーク	S × O (強みを生かして機会を捉える) ・大手起業の海外市場開拓の支援 ・リスク管理の新サービス	S × T (強みを生かして脅威に対処する) ・DX 支援の提案営業 ・大手製造業への低価格サービス
弱み (Weakness) ・高コスト ・デジタル対応 ・中堅・中小企業のネットワーク	W × O (弱みを克服して機会を捉える) ・自動化支援 ・中堅・中小企業の顧客開拓	W × T (弱みを克服して脅威に対処する) ・DX の技術を持つ他社を M&A ・低価格サービスを展開する他社と提携

（著者作成）

　クロス SWOT を行う際に大切なのは、できる・できない、好き・嫌いといったことを抜きにして、考えうる戦略の選択肢を幅広く列挙することだ。戦略を実行した後で重要な選択肢が漏れていたと気づくことがないよう、まずはアイデアを出すことに集中し、どれを実行するかは、その後で検討するようにするとよい。

SWOTか、3C＋PESTか

　なお、SWOT と 3C ＋ PEST は切り分け方の違いで、本質は同じである。切り分けというのは、図のように 3C のうち自社内部 Company のポジティブな要因が Strength、ネガティブな要因が Weakness、外部の Customer・Competitor・PEST のポジティブな要因が Opportunity、ネガティブな要因が Threat である。

	ポジティブ (＋)	ネガティブ (−)
Company	Strength・強み	Weakness・弱み
Customer Competitor PEST	Opportunity・機会	Threat・脅威

（著者作成）

　したがって、SWOT と 3 C ＋ PEST を両方やる必要はなく、どちらかを実施すればよい。分析結果を関係者と共有することを考えると、圧倒的に知名度が高い SWOT を優先する方が、説明の手間が省けて賢明だろう。

　ただし、繰り返しになるが SWOT 分析では、Opportunity と Threat について、目に付きやすい Customer・Competitor だけを分析し、PEST 要因を見過ごすということになりがちなので、注意したい。

───── **チェックポイント** ─────

- 企業・事業・職場・個人という色々なレベルで、SWOT 分析をしてみよう。
- 作った SWOT 分析を発展させて、クロス分析から今後の経営戦略を考えてみよう。

7S

　組織の内部分析で有効なフレームワークが、コンサルティング会社、マッキンゼーが開発した7Sである。

　以下の7Sを包括的に分析し、組織改革に取り組むとよい。

① Strategy ＝戦略：競争優位の源泉、事業の優先順位

② Structure ＝組織：組織構造、分業のあり方、部門間の相互関係

③ System ＝システム：事業管理の仕組み

④ Style ＝スタイル：意思決定の方法、行動様式、組織文化

⑤ Staff ＝人材：従業員の数、職種・職位、採用・育成

⑥ Skill ＝組織としての能力：従業員の能力、組織での蓄積

⑦ Shared value ＝価値観：自社の存在意義、ビジョン、従業員の関心

　企業の公式的な側面に関する①②③を"ハードの3S"、非公式な側面に関する④⑤⑥⑦を"ソフトの4S"という。

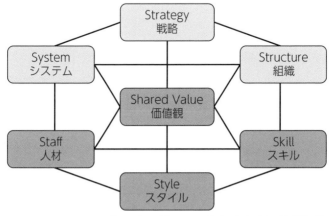

（マッキンゼーのアイデアをもとに著者作成）

7S を一体化させる

　クラウド会計ソフトの freee（フリー）は 2012 年に創業し、2019 年末に上場するという急発展を遂げた。しかし、従業員が 500 人を超えた今も、以下のように 7S が一体化した状態を維持している。

① Strategy：小規模企業を対象に会計・税務・給与などのソフトウェアを無料で提供し、業務効率化を支援する。

② Structure：フラットでシンプルな組織構造を維持している。

③ System：クラウドベースで業務できる仕組み、出社自由など、働きやすさを追求したシステムを取り入れている。

④ Style：佐々木大輔 CEO が大きな方針をトップダウンで決定、それ以外は現場が自発的・迅速に意思決定。闊達で率先垂範の組織文化。

⑤ Staff：リファラル採用を取り入れ、一緒に仕事をしたい仲間を募集。自発的な学びも推奨している。

⑥ Skill：Google など IT 企業の出身者が多く、クラウドベースの商品開発力に強みを持つ。

⑦ Shared value：「本質的（マジ）で価値がある」「理想ドリブン」など 5 つの価値基準を全社員で共有している。

　ハードの 3S は経営者がその気になれば短期間で変わるが、ソフトの 4S を変えるには数年単位の時間がかかる。モチベーションを維持して長期戦に臨むには、経営者のリーダーシップが重要である。

───────── チェックポイント ─────────

・自社の 7S を確認してみよう。7S が一体化した状態だろうか。

・自社の組織改革は成功しているか。成功していないなら、7S のどれが阻害要因になったのだろうか。

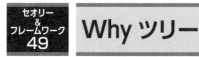

セオリー &
フレームワーク
49

Why ツリー

概要

　企業経営の複雑な問題には原因が複数あり、原因のさらに原因もありうる。問題の原因と結果を体系的に図示するのが **Why** ツリーである。

　Why ツリーは左に問題点（結果）、右にその原因を置く。原因それ自体が結果であり、その右にさらに具体的な原因を配置する。問題解決では、もっとも右側の具体的な原因の中から真の原因を探し出し、対処する。

　下はあるレストランの売上高減少の原因を分析した Why ツリーである。

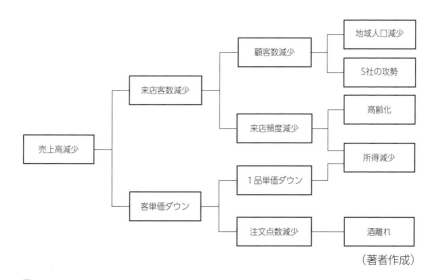

（著者作成）

因果関係の成立条件

　問題に直面したら、原因を探って対処する。原因と結果という事象間のつながりのことを**因果関係**という。ＡとＢという２つの事象があるとき、「ＡがＢの原因である」と特定するには、次の３つの条件を満たす

必要がある。

①Aが変化すればBが変化する（相関性）

②AはBに時間的に先行して発生する（時間的先行性）

③Bの原因になるのはAだけで、他に有力な原因が存在しない（擬似相
　関の欠如）

　なお、①相関性については、２つの要因の統計を取って相関係数を計
算することで、相関性の強さを確認できる。

因果関係の連鎖を整理する

　Whyツリーの作成でまず重要なのは、ツリーの縦の関係で、主だっ
た要因をダブりなく、漏れなく（**MECE** ミーシーという）列挙すること
だ。前頁のレストランの事例では、「売上高減少」に対して「来店客数減
少」と「客単価ダウン」を挙げている。売上高＝来店客数×客単価なので、
この２つの要因でMECEになっている。ツリーの各段階で、MECEか
どうかを確認する（「顧客数減少」×「来店頻度減少」と「１品単価ダウン」
×「注文点数減少」もMECE）。

　また、実際に対処できるのは、ツリーの右の方にある具体的な原因で
ある。トヨタ用語で「なぜを５回繰り返せ」と言われるように、より具
体的な原因を求めて右へ右へと展開することに留意する。事例では、「地
域人口減少」「S社の攻勢」といった一番右に並んでいる要因が、対処
すべき原因である。

───────────── チェックポイント ─────────────

・ 自社では、起こった問題に対して、「なぜ？」を繰り返して原因を究
　明する風土・習慣があるか。

・ 起こった問題を取り上げ、原因分析をWhyツリーにまとめてみよう。

How ツリー

概要

　問題解決で、解決策の選択肢がたくさんある場合、考えうる解決策を体系的に列挙する必要がある。このとき有効なのが**How**ツリーである。

　Howツリーは、課題に対して解決策を整理する。最も左に抽象水準の高い課題（目的）を配置し、右側にその具体的な手段を展開していく。右に行くほど具体的な手段になる。問題解決では、一番右の具体的な手段の中から、基準を明らかにして特定のものを採用する。

　下はある工場で「繁閑の差が大きい」という問題にどう対処するべきか、解決策を How ツリーで整理している。

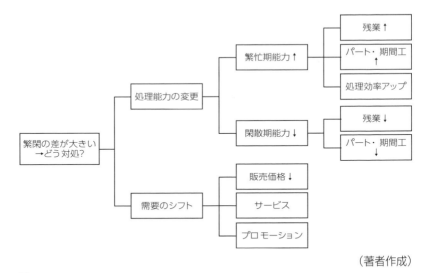

（著者作成）

まず解決策を列挙する

　Why ツリー（前節参照）などを使って問題の原因を究明したら、解

決策を立案し、実行する。複雑な問題の場合、解決策はひとつではなく、多数ある。目に付いた解決策に飛びついて実行し、後になって「もっとよい解決策があったのに……」と悔いるようではいけない。

　そこでまず、実行できる・できない、効果が大きい・小さいといったことを無視して、考えうる解決策を列挙する。そして列挙した解決策をHow ツリーで整理する。

　このとき、Why ツリーと同様に、選択肢が MECE になるよう意識する。上の例では、「処理能力の変更」と「需要のシフト」、「繁忙期の能力アップ」と「閑散期の能力ダウン」は MECE を意識している。

▌基準を明らかにしてベストの解決策を選ぶ

　最終的に課題を解決するには、How ツリーの中から解決策を選んで実行する。経営資源には限りがあるので、あれもこれもと解決策に手を付けるわけにはいかない。ツリーの一番右に並んだ解決策（前頁の例だと「残業増加」「パート・期間工増加」「処理効率アップ」など）の中からベストの解決策を選ぶ。

　ベストの解決策を選ぶには、選択基準を明確にする必要がある。企業経営では、一般に金銭的な「期待効果」が最も重要だが、他にも「緊急性」「リスク」「経営資源の制約」など様々な基準がある。主要な選択基準を列挙し、課題の内容などに応じて選択基準を選ぶ。

◀チェックポイント▶

- 自社・自分自身は、課題について解決策を幅広く列挙する、選択基準を明確にする、という基本ができているだろうか。
- 未解決の課題について、How ツリーで解決策を整理せよ。

デシジョンツリー

戦略的な意思決定でよく使うのがデシジョンツリーである。

デシジョンツリーは、ある状況で起こりうるシナリオとその結果（ペイオフ）を列挙し、それをツリー状に記述し意思決定するものである。

デシジョンツリーの事例

例を使って、デシジョンツリーによる意思決定を紹介しよう。

ある石油会社では、南シナ海で新たに油田が発見されたという情報をもとに、その地区の油田鉱区を買収するかどうかを検討している。

鉱区から実際に原油が産出される可能性は30％、産出されない可能性は70％と予想される。現在の原油価格は1バレル＄50で、60％の確率で現状維持、40％の確率で＄70まで値上りすると予想される。

投資のコストは200億円で、得られるネットのキャッシュフロー（諸々のコストを回収した後の追加収入）は、原油価格が現状の＄50の場合500億円、＄70の場合800億円と見積もられている。

また、投資をしない場合や投資をしても原油が産出されない場合、原油価格が＄70に高騰したら、他社から原油を購入する仕入価格が上昇し、400億円のコストアップになる。

この石油会社の例では、以下のような6つシナリオがある。

・買収する、産出される、原油価格は＄50のまま

・買収する、産出される、原油価格が＄70に上昇

・買収する、産出されない、原油価格は＄50のまま

・買収する、産出されない、原油価格が＄70に上昇

・買収しない、原油価格は＄50のまま

・買収しない、原油価格が＄70に高騰

　これを図のようにツリー状に整理し、右側にペイオフと意思決定の期待値を計算する。なお、慣習的に意思決定の分岐点（意思決定ノード）を□、確率的な分岐点（確率ノード）を○で表す。

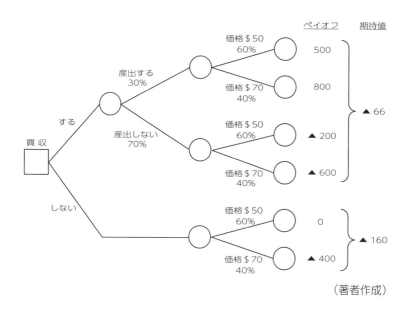

（著者作成）

　「買収する」という意思決定の期待値は▲66億円、「買収しない」の期待値は▲160億円であった。ともに期待値はマイナス（買収してもしなくても、今より利益が減る）だが、マイナス幅が少ない「買収する」を選択する。

──────────────　チェックポイント　──────────────

・自社・自分自身の意思決定で起こりうるシナリオを取り上げて、デシジョンツリーを作成し、意思決定の妥当性を検証せよ。

PDCA

セオリー
&
フレームワーク
52

概要

PDCA は、Plan（計画）Do（実行）Check（評価）Act（改善）の略で、計画的にマネジメントをして成果を上げるための技法である。

PDCA は一回実行して終わりではなく、次の PDCA に役立て改善していくもの。そのため PDCA サイクルと呼ばれる。

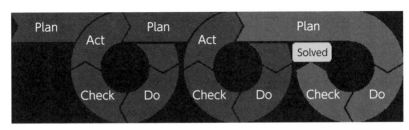

（著者作成）

マネジメントの代表的な技法

1990 年代初頭、企業は科学的管理法を取り入れ、動作や作業の標準を設定し、計画的に活動するようになった（P.10 参照）。

ただ、製品が複雑化・高度化し、顧客ニーズが多様化すると、計画通りに作って売るのが難しくなる。計画を立てて実行するだけでなく、実施状況を評価し改善するという軌道修正が必要になってきた

この変化を受け、品質管理の専門家 W. デミングが 1950 年代に提唱したのが PDCA である。PDCA を取り入れることによって日本企業の品質は飛躍的に向上した。

その後、製造現場だけでなく企業全体、企業だけでなく国・自治体といった公的セクター、さらには家庭、個人にも PDCA が広がった。今日、

PDCA は最も代表的なマネジメント技法である。

▍PDCA で成果を上げるには

　広く普及した PDCA だが、うまくいかないケースが多い。成否のカギは習慣化である。

　以下の 3 点に留意して PDCA を習慣化する。

①短サイクルで PDCA を回す

　Check 評価・Act 改善のサイクルが長いと、計画通りにいかないときに計画と実績の乖離が大きくなり、軌道修正が困難になる。一方、サイクルが短いと軌道修正が容易で、成果を実現しやすくなる。成果が出ると継続するモチベーションが高まり、習慣化する。

②他の事業管理と連動させる

　PDCA は、人事・予算管理・IT といった他の事業管理制度と連動している。PDCA と他の事業管理制度がしっかり連動していると、実行が容易で、習慣化しやすくなる。

③簡単な管理システムにする

　事業の PDCA は、業務管理システムなどで管理する。ここでシステムに記録する項目が多いと、記録するのが億劫になってしまう。記録項目は必要最小限にし、簡素なシステムにするとよい。

チェックポイント

- 自社の事業は PDCA に基づいて計画的にマネジメントできているかどうか、確認してみよう。
- 職場や自分の業務について PDCA を取り入れてみよう。習慣化のためのポイントに留意すること。

バランスト・スコアカード(BSC)

概要

バランスト・スコアカード (Balanced Score Card, BSC) は、R. キャプランと D. ノートンが考案した業績管理システムである。

BSC では、次の 4 つの視点からたくさんの評価指標（**KPI**、Key Performance Indicator）を設定する。

①財務的視点

②顧客の視点

③ビジネスプロセスの視点

④学習と成長の視点

そして、KPI を総合的に管理し、ビジョン・戦略の実現を目指す。

バランスト・スコアカードの背景

従来アメリカ企業では、ROE を使って事業管理をしたデュポンに代表されるように（ROE を財務レバレッジ・総資産回転率・売上高利益率に分解して管理する方法をデュポンシステムと呼ぶ）、少数の財務指標による業績評価が行われていた。あるいは日本では、経常利益の絶対額が重視された。

しかし、複雑化・多様化し、グルーバル展開している現代企業をごく少数の指標で統制するのは困難である。人間は評価を意識して行動を変えるので、結果として算出される財務指標よりも、従業員の直接の行動に繋がる原因レベルの指標も欲しいところである。また、近年の IT の発達によって、多数の指標を使って管理することが技術的・コスト的に容易になった。

　こうした背景を踏まえ、財務指標だけでなくその原因となる要因も含めて、多数の指標を管理することによって、全社の統制を取って経営戦略の実現を目指すものとして BSC が登場したのである。

4つの視点と KPI

　標準的な BSC では、まず次の4つの視点を設定する。

①**財務**：株主や従業員などの利害関係者の期待に応え、企業業績として財務的に成功するためにどう行動すべきかという視点

②**顧客**：ビジョン・目標を達成するために、顧客に対してどのように行動すべきかという視点

③**ビジネスプロセス**：顧客満足度を向上させるために、いかに優れた業務プロセスを構築するかという視点

④**学習と成長**：組織や個人として、どのように能力の向上を図るかという視点

　続いて、目指すビジョン・戦略との繋がりを明確にして、4つの視点について多数の KPI を設定する。そして、PDCA（前節参照）を回して、KPI を総合的に管理する。

　これら4つの視点には、④学習と成長の視点が改善すると、成長した従業員が③ビジネスプロセスの視点を改善し、それによって顧客満足が高まるので②顧客の視点が改善し、売上高・利益が増えて最終的に①財務視点が改善する、という因果関係（④→③→②→①）が想定されている。

　なお、キャプランとノートンの調査によると、企業は以下の目的で BSC を利用しているという。

• 予算の明確化と更新

• 戦略的方向性の明確化と調整

• 業績の定期的評価

BSC による事業管理

　下図は、ある中堅食品スーパーで作成・実施した BSC の抜粋である（実物は、KPI を部門ごと、店舗ごとに細かく設定している）。

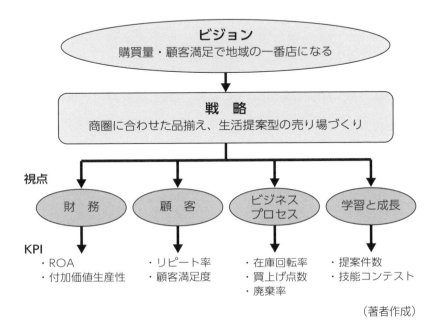

（著者作成）

　このスーパーでは、「購買量・顧客満足で地域の一番店になる」というビジョンを掲げて、BSC を使った PDCA で店舗運営と業績評価を行っている。また、店長・部門責任者の賞与を KPI の評価に連動させて、モチベーションの向上を図っている。

現実的な BSC を導入する

　2000 年代以降、日本でも BSC を導入し、経営戦略の浸透に役立てる企業が増えている。

　ただ、コンサルティング会社や IT ベンダー主導で大掛かりな BSC システムを構築したものの、あまり使いこなせていない、というケースが多い。たくさんの指標を使って現場管理をする中間管理職の負担増も馬鹿にならない。それぞれの視点について 5 から 6 個の KPI を設定するのがよいとされる。

　BSC 導入を成功させるには、自社の経営戦略と組織規模などに見合った、現実的かつシンプルなものにするとよいだろう。

　また、BSC を報酬制度など他の管理制度とどこまで連動させるかも、重要な検討課題である。

チェックポイント

- 自社のビジョン・戦略を確認し、どのような KPI で事業を管理するべきか確認しよう。
- すでに BSC を導入しているなら、負担が少ないシンプルな仕組みになっているか、適切な KPI を設定しているかを確認しよう。

■ 著者紹介 ■

日沖　健（ひおき　たけし）

日沖コンサルティング事務所・代表
産業能率大学 講師、中小企業大学校 講師
慶応義塾大学卒
Arthur D. Little School of Management 修了 MBA with Distinction
日本石油（現・ENEOS）勤務を経て現職
専門： 経営戦略のコンサルティング、経営人材育成
著書：『戦略的トップ交代』『戦略的事業撤退の実務』『成功する新規事業戦略』
　　　『実戦ロジカルシンキング』『問題解決の技術』『歴史でわかる リーダーの器』
　　　『コンサルタントが役に立たない本当の理由』『変革するマネジメント』
　　　『経営人材育成の実践』『全社で勝ち残るマーケティング・マネジメント』
　　　『社会人のための問題解決力』『ケースで学ぶ 経営戦略の実践』
　　　『ワンランク上を目指すための ロジカルシンキングトレーニング 77』
　　　『できるマネジャーになる！ マネジメントトレーニング 77』
　　　『ビジネスで使いこなすための ロジカルコミュニケーション 77』
　　　『後悔しないための ロジカルな意思決定スマートチョイス』
　　　『経営コンサルタントが伝えたい 納得できる良い会社の選び方』など
hiokicon@gmail.com

経営戦略がわかる セオリー＆フレームワーク 53　　　〈検印廃止〉

著　者	日沖　健
発行者	桃井克己
発行所	産業能率大学出版部
	東京都世田谷区等々力 6-39-15　〒158-8630
	（電話）03（6432）2536
	（FAX）03（6432）2537
	（振替口座）00100-2-112912

2021 年 2 月 15 日　初版 1 刷発行

印刷所・制本所　セブン